# TRUANDAILLES

2755. — Imprimeries réunies, A, rue Mignon, 2, Paris.

JEAN RICHEPIN

# TRUANDAILLES

PARIS
BIBLIOTHÈQUE-CHARPENTIER
11, RUE DE GRENELLE, 11

1891

# LA CASQUETTE

# LA CASQUETTE

---

Loin, loin, très loin sur les ténébreux limbes des époques préhistoriques! En un temps plus ancien que l'ancien temps des derniers déluges! Avant la série des périodes glaciaires qui firent émigrer d'Europe en Afrique l'éléphant et l'hippopotame, et qui poussèrent du Nord dans nos forêts le bœuf porte-musc, le rhinocéros aux narines cloisonnées, le renne aux troubles prunelles de myope et le gigantesque mammouth à l'échine chevelue, aux flancs feutrés de laine rousse! Loin, loin, en reculant de plus en plus vers le primordial horizon dont le plan brumeux et vague donne une apparence toute voisine de nous, brutale et crevant les yeux, aux si jeunes Pyramides et aux légendaires histoires, ridiculement contemporaines, d'Ashshour-Bani-Abal et de Nabou-Koudour-Oussour! Loin, beaucoup plus loin, non pas même par delà de simples centaines, mais par delà quelques bons milliers de siècles! A l'âge de la terre où les continents et les océans n'avaient point leur figure actuelle, si bien que la transitoire mappemonde d'aujourd'hui, en se regardant au miroir d'alors, se prendrait pour une autre planète! A l'âge de la terre que l'Himalaya lui-même doit trouver immémorial! A l'âge du ciel où les sept étoiles gelées ne pouvaient pas encore servir à fixer le clou d'or qui marque le nombril du pôle! Loin, loin, très loin sur les ténébreux limbes des époques préhistoriques!

Lourde, brûlante et lente s'était traînée cette journée estivale, qui s'achevait en une soirée d'orage avortant, une soirée molle et moite, chargée d'effluves magnétiques, et d'ivresse et de lassitude, et de tristesse infinie. Ivresse pour les êtres pantelants et aussi pour les choses accablées! Car le sol, et jusqu'aux pierres, semblaient ouvrir leurs pores, comme les plantes leurs fibres et les animaux leurs poumons, au prime vol errant des brises crépusculaires, pourtant si furtives, mais dont on cherchait quand même la caresse en la souhaitant longue et fraîche. Hélas! combien brève elle passait! Et sans qu'on en restât rafraîchi! Car on eût dit l'haleine tiède d'une bouche qui aurait mâché des herbes aromatiques et qui en soufflerait les parfums par épaisses et languides bouffées. Or la lassitude s'aggravait à humer cet air capiteux, où tourbillonnaient tous les pollens du désir. Et avec la lassitude s'épanouissait la tristesse, fleur aussitôt éclose de ces pollens vagabonds. Triste, oh! oui, infiniment triste, cette fin de journée estivale! Triste comme une des nôtres, en vérité, quoiqu'elle s'écoulât à l'origine des histoires humaines, à l'âge du monde où le soleil avait quelques milliers de siècles en moins! Pauvre Soleil, qui alors déjà mourait chaque soir pour des yeux mélancoliques, tantôt avec une agonie douce, éteignant peu à peu les suprêmes lueurs de son incendie dans un lac de tendre émeraude où voguent des pétales de roses, tantôt, comme ce soir-là, comme en ce soir immémorial, noyant lugubrement son corps massacré parmi les verdâtres remous d'une mare de fiel où vont flottant à la dérive des lambeaux de peau sanglante.

Devant le seuil de sa caverne encombrée d'ossements, la femelle de l'Homme était assise à croppetons. Ses regards s'abîmaient dans la contemplation de ce trépas tragique. Ses narines palpitaient aux senteurs éparses, enivrantes et mystérieuses. Certes, en son obscur cerveau, aux circonvolutions peu compliquées, à la pulpe grossière, aucune idée ne se précisait. De quels mots l'eût-elle vêtue, cette idée, avec son langage à peine articulé encore, dont les vocables n'étaient guère que d'informes grognements, d'infirmes cris, confusément agglutinés? Et cependant elle sentait en elle quelque chose frémir, désirer, se désoler, puisque des larmes lui montaient aux yeux, puisque sa poitrine se gonflait de sanglots, puisque sa chair vibrait aux magnétiques effluves. De tout son misérable être, cherchant à prendre conscience de soi, elle aspirait les influx ambiants, et s'en imprégnait, et en même temps tâchait de voir clair dans sa nuit intérieure. Elle se souvenait. Elle espérait. Elle comparait. En images brouillées lui apparaissaient les êtres et les choses non présents ; mais elle en avait une notion néanmoins, et se les figurait malgré l'absence. O chère aïeule, alors si jeune, et presque encore à l'état d'animalité brute, d'instinct aveugle, ô demi-bête chez qui vivait surtout l'atavique anthropoïde, mais chez qui déjà aussi s'éveillait la Femme future, ô farouche compagne du Primate velu, n'est-il pas évident qu'en cette soirée lointaine des époques préhistoriques, ô rêveuse, tu pensais?

Elle pensait au Mâle dormant dans la caverne. Mais pourquoi y pensait-elle sans amour, tandis que sa chair vibrait aux effluves magnétiques, que ses narines battaient des ailes au souffle tiède des brises semant les pollens du désir? Ainsi en proie aux influx ambiants qui attisaient la soif du rut, elle aurait dû songer, et avec délices, au Mâle qui tout à l'heure, en se réveillant, allait sans doute brusquement l'étreindre et la saillir. Il était fort. Il lui était doux. C'est pour elle qu'il s'exposait sans peur aux combats les plus périlleux, en poussant des rugissements de joie. Armé de sa massue en chêne et de sa pierre tranchante, il attaquait en face les plus épouvantables ennemis : le mammouth, dont il crevait les yeux, et dans le ventre duquel il enfonçait son silex et parfois son bras entier jusqu'à l'épaule; le grand ours gris, qu'il embrassait pour le mordre à la gorge; l'énorme hyène tachetée, à qui, d'un coup de trique, il cassait les reins. Accouplée à un Mâle pareil, jamais la Femelle ne manquait de pâture, ni de victimes pour leur arracher les ongles et les dents et s'en faire des colliers. Puis, n'était-il pas beau, avec son vaste poitrail à la floconneuse toison, ses longs bras pendant jusqu'à mi-cuisse, ses jambes torses? Est-ce que toutes les autres femelles n'admiraient pas son crâne fuyant, ses proéminents et rudes sourcils, son féroce visage qui semblait n'être que mâchoire, ses deux crocs saillants, et surtout, surtout, l'énorme et broussailleuse et fauve crinière qui lui faisait une face de lion?

Oui, mais ce Mâle superbe, si vigoureux, si apprivoisé, elle ne l'aimait pas! En vain il la comblait de pitance et de présents. En vain il lui assurait un sort enviable. N'était-elle pas forcée, en retour, de subir le brutal assaut dont il la renversait, lorsqu'il revenait de la chasse, encore soûl de carnage, et se précipitait sur elle comme tout à l'heure il s'était précipité sur l'ennemi? Ah! combien vite il était repu d'amour! Combien peu il s'inquiétait de l'en repaître elle-même! Jamais une douce et longue caresse! Jamais un de ces savoureux baisers comme savait en inventer l'autre, l'autre qu'elle aimait! Il n'était point un orgueilleux combattant, celui-ci, certes, ni un fournisseur de viandes, ni un donneur de dents et d'ongles pour faire des colliers. Quand il rencontrait sur son chemin le mammouth dressant sa trompe, l'hyène ricaneuse, l'ours aux pattes meurtrières, il ne les provoquait pas de front, mais se sauvait, ou bien les attirait astucieusement dans quelque piège. Et si par hasard il les abattait, il en gardait pour lui seul le régal. Et il n'avait pas non plus le corps tout couvert de poils, ni les jambes torses, ni les bras pareils à ceux des grands singes, ni le visage prognathe aux crocs en défenses, ni la monstrueuse crinière. Mais, presque glabre, sa peau était blanche et douce à toucher; mais ses regards avaient la transparence fuyante de l'eau ; mais ses étreintes étaient lentes et câlines et ses baisers savants ; et c'est à lui que songeait la Femelle en écoutant le miaulement du tigre des cavernes qui là-bas râlait d'amour dans les vapeurs du crépuscule.

Voici que l'ombre de plus en plus montait, et que frissonnaient à la brise déjà nocturne les arbres de la forêt voisine, le prunier aux feuilles ovales et aux fleurs de neige, l'aune à la fine chevelure qui semble une chevelure de vieillard, le platane au tronc lisse écaillé de plaques rouges. Oh ! comme il serait bon d'aller avec l'aimé s'étendre sous ces ombres fraîches et murmurantes, et de se rouler, corps à corps contre lui, dans l'herbe des clairières où tout à l'heure la terre suerait la rosée, et de le tenir embrassé fortement, et de contempler sa tête parmi les étoiles ! Mais non, non ! Ce bonheur, elle ne l'aurait plus, jamais plus. L'aimé ne lui avait-il pas dit adieu la veille, ne lui avait-il pas refusé alors la caresse qu'elle sollicitait en suppliante ? Rien n'avait pu le faire revenir sur ce refus obstiné, sur cet adieu cruel. Elle lui avait promis de redoubler les cadeaux dont elle se plaisait à le combler, quartiers de cadavres volés au charnier du Mâle, colliers de dents et d'ongles pour en faire largesse, même à d'autres femelles. Oui, cela aussi, elle l'avait proposé! Qu'importait, pourvu qu'elle le gardât, pourvu qu'à l'heure des désirs elle trouvât toujours dans le taillis l'aimé aux ingénieuses caresses! Mais il l'avait battue en répétant non, non. Et il avait pris les choses, et avait grommelé que ce n'était pas assez encore, et qu'il ne reviendrait plus tant qu'il n'aurait pas aussi...

Fallait-il le lui donner, ce qu'il voulait? Pourrait-elle le lui conquérir seulement? Ah! lâche, lâche qu'elle était, d'en douter, d'avoir hésité à le satisfaire! Eh bien! c'était fini. Elle était résolue. Elle l'aimait trop, le bien-aimé, pour ne pas lui obéir! Elle l'aimait plus encore depuis qu'il l'avait battue! Reviens, reviens, toi par qui se désaltère ma soif, toi par qui se calme ma faim, toi qu'appelle ma chair désespérée! Reviens, que je miaule et râle sous toi, comme là-bas le tigre dans les vapeurs du crépuscule! Reviens te fondre longuement en moi comme le soleil parmi les splendeurs du firmament ensanglanté! Reviens! Ce que tu veux, tu vas l'avoir. Le voici ! Le voici ! D'un bond, elle était entrée dans la caverne, avait assommé le Mâle d'un coup de massue. Puis elle s'était penchée sur lui et avec un silex coupant l'avait hâtivement scalpé. Et elle courait en cabriolant dans le taillis, et appelait l'aimé à grands cris aigus. Et quand elle l'aperçut enfin, elle se jeta la face contre sa face, et le baisa, tandis qu'il se coiffait triomphalement de l'énorme et broussailleuse et fauve crinière. Et c'est ainsi qu'en ce temps ancien, antérieur au temps des déluges, en cet âge de la terre et du ciel où les sept étoiles gelées ne marquaient pas encore le nombril du pôle, en cette soirée perdue loin, loin, très loin sur les ténébreux limbes des époques préhistoriques, c'est ainsi que la Femelle, aïeule de la Femme, donna au premier maquereau la première casquette.

# ROMANITCHELS

2

# ROMANITCHELS

---

La première famille de Romanitchels ou Bohémiens avec laquelle il me fut donné d'entrer en relations sérieuses, j'en fis la connaissance, voilà tantôt dix-huit ans, à la foire au pain d'épice, où j'avais alors pour passe-temps (mon Dieu ! je n'en tire pas autrement vanité, mais je ne vois pas pourquoi j'en aurais honte non plus) de *battre comtois* devant la *banque* de lutteurs tenue par Dubois, le gros Dubois, dit « le père Trois-Cent ».

Ces relations valent peut-être la peine d'être contées ; car elles furent assez suivies et assez intimes. Suivies, jusqu'en *roulotte !* Intimes, quasi jusqu'au *conjungo !*

Tout en *battant comtois* et très consciencieusement, je m'intéressais à la *banque* voisine presque autant qu'à la nôtre, et j'avais gros cœur, bien souvent, de voir le tort que faisaient à la pauvre somnambule délaissée tous nos charivaris, les pitreries et les coups de cloche de notre queue-rouge, les tonitruants raflaflas du nègre tapant sur la peau d'âne comme sur un ennemi, les boniments glapis dans le porte-voix en ferblanc par le fausset suraigu du « père Trois Cent », et enfin, hélas ! mes propres vociférations pour réclamer un gant d'une voix rageuse :

— Oui, contre le grand, à droite, là, celui qui a l'écharpe bleue ! Parfaitement !

N'allez pas vous imaginer qu'elle était jolie, cette somnambule. Ni sa sœur non plus, en vérité. Car, si toutes deux se ressemblaient comme deux gouttes d'eau, c'était comme deux gouttes d'eau sale. Plus sale et plus laide encore était la vieille, leur mère sans doute, qui, à l'arrière de la caravane, sous une bâche noire, cuisinait dans un poêlon d'étranges ragoûts, avec une mine et des gestes de sorcière. Pas même les enfants n'étaient jolis. Et pourtant il y en avait une triclée, sept ou huit pour le moins, toujours grouillant en vermine entre les roues de la bagnole, mais tous, à qui mieux mieux, pouilleux, rouilleux, écailleux, guenilleux et grenipilleux.

Seulement, tous, et les enfants, et les deux sœurs davantage, et la vieille surtout, ils étaient pour moi bien plus que jolis : ils étaient Romanitchels. Oh ! combien ! Des peaux jaunes, à en être vertes ! Des cheveux noirs jusqu'à l'indigo, les uns plats, en raides mèches pareilles à des lames d'acier miroitantes de moires, les autres tire-bouchonnant comme des copeaux de paille de fer ! Et ces yeux clairs, pâles, tantôt allumés de furtives fulgurations, tantôt aux prunelles mortes, couleur de brouillard !

Inutile, je pense, d'expliquer plus longuement quel furieux désir j'avais de devenir leur ami, à nos voisines. Désir vain, je le savais d'avance, connaissant l'impénétrable sauvagerie de cette race.

Par bonheur, le hasard me favorisa. D'autres *banquistes*, avec qui nous fraternisions devant des canons de bleu, m'apprirent que la caravane n'était pas au complet en ce moment, qu'il y manquait le chef et sa mère, non pas Bohémiens ceux-ci, mais Italiens, tous deux à l'hôpital depuis leur arrivée à Paris. J'avais pour camarades quelques étudiants en médecine. Par eux, je me fis présenter aux internes de l'hôpital où se trouvait Rasponi, le chef absent. Je me liai avec lui sans grande difficulté. Des paquets de tabac et surtout des oranges, et, plus encore, de menus privilèges accordés à ma requête, il n'en fallait pas tant pour apprivoiser le pèlerin, d'ailleurs peu farouche. Si bien qu'à sa sortie nous étions une paire de copains, et qu'en revenant dans sa caravane il m'y introduisit par ces mots :

— Céloui-ci il est oun frère, vous savez, eh! les femmes, et zé l'invite à manzer cé soir.

A quoi une des deux sœurs ayant fait la moue, et la vieille une grimace en grommelant, Rasponi administra, comme cadeau de bienvenue pour fêter son retour, une vigoureuse paire de claques à l'une et un maître coup de pied dans le derrière de l'autre.

Cela, du reste, sans colère, très simplement, le sourire aux lèvres, comme une habituelle façon d'accentuer ses ordres, pas plus. Et les battues l'acceptèrent ainsi, en esclaves qui ne rétipolaient point, et pas même en esclaves (car aucune lueur de révolte ne passa dans leurs yeux de louves), mais plutôt en enfants, de ceux qui ont *besoin* de taloches.

Je soupai donc avec mes chères Bohémiennes, et mangeai de la terrible ratatouille cuisinée par la sorcière, une sorte de pilau diaboliquement épicé. Je rendis la politesse le lendemain, en apportant un gigot et une demi-douzaine de litres. Quelques sucreries données à la marmaille achevèrent de me concilier les femmes, même la vieille. D'ailleurs, je n'étais qu'un demi-étranger, puisque je *travaillais* dans la baraque voisine, en forain. Enfin, la plus jeune des deux sœurs, m'ayant un jour regardé dans la paume pour me dire ma bonne aventure, avait tout à coup appelé l'autre et la grand'mère et leur avait baragouiné d'une voix volubile et joyeuse je ne sais quoi, mais apparemment à mon honneur; car toutes trois s'étaient mises aussitôt à me sourire et la devineresse m'avait tiré une révérence en me baisant la main.

Tant il y a qu'à la fin de la semaine, la mère Rasponi étant sortie aussi de l'hôpital, la foire au pain d'épice clôturant le lendemain, la caravane maintenant au complet reprenant la campagne, comme il nous eût été pénible à tous de nous dire adieu, il fut décidé que je pouvais et devais faire partie de la famille, et (honni soit qui mal y pense !) je me mis bravement en route avec elle.

A vrai dire, je n'étais pas un hôte parasite. D'abord, grâce à une vente de tout ce qui me restait de mes anciens prix, je possédais un boursicot où sonnaient six beaux louis d'or, et c'était largement de quoi payer mon lit dans les auberges et fournir mon écot à la popote ambulante. Puis, comme le renard de La Fontaine, j'avais plusieurs tours dans mon bissac. Des tours de cartes, en particulier, assez pour être un escamoteur passable au regard des paysans chez qui nous allions battre l'estrade. Et aussi des tours de force, à l'occasion, et des tours d'adresse, poids, arbre droit, saut périlleux, bouteilles maniées en équilibriste et en jongleur. Le tout en cas de suprêmes ressources. Et, comme besogne courante, corser d'un baryton les chœurs dont Rasponi chantait le ténor, tandis que sa mère fioriturait sur un crincrin et que les deux sœurs grattaient frénétiquement les nombrils d'une guitare et d'une mandoline.

Car c'était là, proprement, le métier de la famille, qui n'était venue à la foire au pain d'épice que par hasard, à cause des deux membres malades entrés à l'hôpital, mais qui d'ordinaire gagnait sa vie en chantant, et dans les villages. La pancarte de somnambule ne servait qu'au passage près des villes. Quant à la bonne aventure, inspection des mains, examen du marc de café, détournement de sorts, débit d'amulettes contre les maléfices (ceci dans les campagnes les plus reculées), c'est la vieille Zdagna qui s'en chargeait particulièrement. Mais le plus clair des recettes, on le faisait dans les auberges paysannes, sur un tréteau improvisé à même deux tables, *par autorisation de M. le maire*, et grâce aux chansons.

Chansons, hélas ! non pas de Bohème, comme j'aurais tant voulu. Chansons (trois fois hélas !) vulgaires et stupides, ramassées par Rasponi au décrochez-moi-ça le plus démodé des plus niais répertoires de café-concert. Ou bien alors (encore plus lamentablement hélas !) airs d'opéras italiens, dont il se gargarisait à n'en plus finir, avec de prétentieux *gorgeggi*, des roulades, des trilles, des cocottes, tellement que sa mère en restait l'archet brandi et, presque pâmée, la bouche grande ouverte, les yeux blancs, semblait prête à s'évanouir sur chaque point d'orgue.

En voilà une que je n'aimais pas, cette mère Paola, si entichée de son ténor de fils, et de sa musique italienne filant comme macaroni, et de son violon ! Oh ! ce violon ! Ce violon surtout ! Quel cauchemar pour moi ! Elle en avait joué jadis, disait-elle, devant des *mounarques*, quand elle était petite et enfant *proudize*. Et elle m'infligeait, que de fois, l'audition de ses *plous famoux souccèsses*, en me câlinant d'un :

— Per ché vous êtes, zé lé vois, oune dilettante.

Et au récit de ses malheurs aussi elle me tarabâtait : comme quoi elle n'était pas faite pour sa présente *infortoune*, et avait été *risse*, et que son fils (povero !) s'était *misallié* avec cette Zingara, qui avait autant de *fanciulli* comme la *plouie*, et qu'elle, et les *fanciulli*, et la Zdagna n'étaient que de la *canaglia*.

Aussi les méprisait-elle, et toujours leur parlait de haut, avec des répugnances de princesse, ce qui ne l'empêchait point de prendre la plus grosse part aux pilaus de la Zdagna. Jamais je n'ai vu avaler des platées de riz pareilles à celles qu'il lui fallait avant de torcher enfin à sa manche ses lèvres grasses, et de s'endormir, les mains béatement jointes sur son ventre, comme pour sanctifier sa digestion dans une prière.

Digestion somnolente que je bénissais! Car alors le Rasponi lui-même, si braillard le reste du temps, faisait tout à coup silence et disait à sa femme et à sa belle-sœur :

— Cantez-loui votre mousique à bercer, mainténant. Au moins, qué ça serve à quelquéçose, vos airs d'ours.

Et les deux femmes, d'une voix susurrante, à dents serrées, presque entre leurs joues et tout au fond de leur gorge, se mettaient à cantiléner d'interminables complaintes de marche, dont je ne comprenais point les rauques syllabes étouffées, mais dont je devinais l'âme sauvage et mystérieuse, et qui évoquaient en moi toutes les poésies de leur existence errante, les renaissantes étapes sous des cieux perpétuellement nouveaux, les haltes au bord des chemins dans des pays inconnus, les nuits égarées au milieu de forêts à la ténébreuse horreur, et les plaines d'horizon sans limite, et les routes blanches, blanches, droites, droites, et si longues, et le but à la fuite infinie, et tout cela très vague, très lointain, très doux, avec le clapotant gazouillis d'une source courant souterraine, avec les mille flûteries d'orgue d'une brise roulant les crépitantes caresses de l'herbe froissée, le papotage des feuilles, le vrombissement des insectes ronronneurs, les appels des oiseaux de passage haut perdus par l'espace, et jusqu'au féerique froufrou, semblait-il, de ces jupes de nuages, que là-bas, dans les poudres d'or du couchant, d'invisibles danseuses laissaient lentement s'envoler d'elles en flottants falbalas de gaze rose et de soie verte.

Étaient-elles donc si laides que je l'avais constaté tout d'abord, mes deux amies aux belles chansons? Ma foi, je dois l'avouer, à travers leurs chansons, elles s'étaient embellies bien vite pour moi. Et la vieille Zdagna elle-même, la singesse aux gestes et à la mine de sorcière, je n'étais pas sans lui trouver un charme. Elle me disait avec des yeux si tendres, en son baragouin barbare :

— Toi ressembler fils moi, fils mort, a longtemps.

Et comme un fils, en effet, elle me choyait de son mieux, au point de consentir (effort de bonté presque miraculeux chez une Bohémienne) à m'apprendre des mots de sa langue.

Et la belle-sœur de Rasponi, la petite Makidza, quelle complaisance à étudier mes deux mains, minutieusement, toute son attention concentrée à y découvrir chaque jour de curieux détails plus flatteurs les uns que les autres! A certains claquements de ses lèvres et froncements de ses sourcils, je voyais bien que souvent elle y rencontrait aussi des pronostics désagréables; mais elle trichait alors si gentiment et si naïvement, pour ne pas me donner de déplaisir!

Avec d'autant plus de mérite, à vouloir faire ainsi sauter la coupe du destin, qu'elle avait en sa science une foi profonde. Un jour qu'elle avait annoncé à un client un grand malheur prochain, comme le paysan maugréait de son franc dépensé pour apprendre une si mauvaise nouvelle, c'est dans toute la sincérité de son cœur que Makidza lui répondit :

— Si ta main me disait que tu dois être roi, je ne te prendrais pas plus cher.

Mais à me rappeler ses réparties, et tous mes souvenirs d'alors, les lignes s'ajouteraient aux lignes, et j'aurais l'air d'écrire mes Mémoires. Je n'en suis pas encore là. Arrivons à la fin de mon aventure, et contons-la brièvement.

Environ trois semaines après notre départ de Paris, nous nous trouvions dans les environs de Fontainebleau. Chemin faisant, j'avais monnayé en largesses mes six louis, surtout pour gaver la virtuose, puisque ainsi je la plongeais dans le bienheureux sommeil digestif qui me valait l'aubaine des belles chansons murmurées. Un matin, en payant mon lit à l'auberge, je m'aperçus qu'il me restait cinq francs pour tout pécule. Je confiai ma déconfiture à Rasponi. Il me répliqua :

— Zé t'ai conclou ici oune bonne affaire. Tou verras demain. C'est oune sourprise.

Le lendemain, dès l'aube, en arrivant à la roulotte, je vis une demi-douzaine de rapins installés devant le campement, la palette au pouce, la toile sur le chevalet. Rasponi nous avait loués comme modèles.

— Ils nous donnent, me dit-il, à çacun dix sous, et comme nous sommes quatorze avec les *fanciulli* et même quinze en comptant lé cheval, tou vois quelle belle zournée.

Je voulus me soustraire à la portraiture; mais les rapins réclamèrent énergiquement. Si je ne posais pas, il n'y avait rien de fait! Hélas! c'est moi, paraît-il, qui avais (après Zdagna, sans doute, je l'espère) l'air le plus bohémien de la bande.

Comment refuser à mes amis de leur faire gagner, comme disait Rasponi, une si belle *zournée?* J'acceptai donc.

Mais le lendemain, ce fut à recommencer, et, au lieu de six rapins, il y en avait huit. La nouvelle s'était répandue à Barbizon qu'on pouvait, pour pas cher, faire une chic étude de Bohémiens dans un sous-bois *je n'te dis qu'ça.* Évidemment, le jour d'après, nous allions avoir aussi Marlotte à la rescousse.

Le soir, je déclarai d'un ton ferme à Rasponi que j'en avais assez, que je voulais bien courir les routes, mais non faire ce métier nouveau. Il me riposta aigrement qu'il n'y avait qu'un chef, que c'était lui, et que, si je tenais à en être convaincu, il allait m'en donner la preuve en me corrigeant. Et, joignant le geste à la parole, habitué à mener ainsi la caravane, il leva la main pour me gifler.

On voit d'ici la suite : une parade, un coup de tampon, et mons Rasponi (oh! je n'en suis pas fier, car ce n'était pas un gaillard) les quatre fers en l'air et le nez saignant.

— Zé té répincérai, fit-il en se relevant, l'œil sournois, les dents grinçantes, la main crispée dans sa poche sur la poignée de son couteau.

La mère Paola me traitait d'assassin. Zdagna, Makidza et sa sœur essayaient de calmer Rasponi, qui passa sa rage sur elles. Je m'éloignai, retournant à mon auberge. Un quart d'heure plus tard, Makidza m'y rejoignait et me disait :

— Veux-tu m'emmener avec toi? Nous nous marierons.

Mon amour des Romanitchels n'allait pas jusque-là. Je partis pour Paris le lendemain matin, tout seul. Et de mon aventure il ne me reste qu'un très curieux et très exquis souvenir, et la joie de retrouver assez souvent, encore aujourd'hui, mon portrait dans des tableautins intitulés : *Halte de Bohémiens.*

# ARTISTE

# ARTISTE

— Bah ! monsieur, me dit le vieux saltimbanque, c'est une affaire d'exercice et d'habitude, voilà tout ! Sans doute, il faut être un peu doué et n'avoir pas trop de bouillie dans les doigts ; mais ce qu'il faut surtout, c'est de la patience et du travail quotidien pendant de longues, longues années.

Cette modestie me surprenait d'autant plus que, parmi ces sortes de virtuoses généralement très infatués de leur adresse, celui-ci était de beaucoup le plus extraordinaire que j'eusse jamais rencontré.

Certes, j'avais vu souvent, et tout le monde a vu dans n'importe quel cirque, même dans d'infimes baraques foraines, exécuter le tour qui consiste à faire placer un homme ou une femme les bras en croix contre une cible en planches, et à lui planter de loin des couteaux entre les doigts et autour de la tête. Ce tour n'a, en somme, rien de bien étonnant, quand on en connaît les trucs, quand on sait que les couteaux ne sont pas le moins du monde coupants et se piquent à une distance assez grande de la chair. C'est la rapidité des coups, le flamboiement des lames, la savante inclinaison des manches vers le but vivant, qui donnent son air de danger à cette exhibition devenue banale et n'exigeant qu'une habileté médiocre.

Mais ici, point de trucs, aucune illusion, aucune poudre aux yeux! La chose se faisait bon jeu bon argent, en toute sincérité. Les couteaux étaient affilés comme des rasoirs, et le vieux saltimbanque les plantait droits à fleur de peau, précisément dans l'angle entre les doigts, auréolant la tête d'un cercle serré presque trop juste, et cernant le cou d'un carcan dont il n'aurait pu sortir sans se trancher les carotides.

Pour comble de difficulté, le vieux saltimbanque opérait sans y voir, la face entière couverte d'un masque clos en toile cirée très épaisse.

Naturellement, comme tous les grands artistes, il était incompris de la foule, qui le confondait avec les vulgaires truqueurs. Son masque ne semblait qu'un truc de plus, et même assez grossier.

— Il nous croit vraiment trop bêtes, pensait-on. Comme s'il était possible de viser sans avoir les yeux ouverts !

Et l'on supposait à la toile cirée des trous imperceptibles, un treillis très bien dissimulé dans le tissu. Vainement, avant l'exercice, le saltimbanque donnait le masque à examiner au public. Le public avait beau ne pouvoir discerner aucune tricherie ; il n'en était que plus convaincu d'être triché. Ne savait-il pas qu'on *doit* le tricher ?

Moi, dans le vieux saltimbanque, j'avais reconnu un grand artiste, et j'étais justement sûr que toute tricherie lui était, au contraire, impossible. Je le lui avais dit, en lui témoignant mon admiration. Il avait été touché, et de l'admiration, et surtout de la justice rendue. Ainsi nous étions devenus amis, et il m'expliquait, très modestement, le vrai truc incompris de la foule, le truc éternel résumé en ces simples mots :

— Être doué et travailler pendant de longues, longues années, tous les jours.

Il avait été frappé notamment de la certitude où j'étais, qu'une tricherie quelconque avait dû lui devenir impossible.

— Oh ! oui, oui, me dit-il, vous avez raison. Impossible absolument ! Impossible à un point que vous ne sauriez imaginer. Si je vous racontais !... Mais, à quoi bon?

Son visage s'était assombri. De vagues larmes lui roulaient dans les yeux. Je n'osais insister et le forcer aux confidences. Mais sans doute mes regards étaient moins discrets que ma parole, et le sollicitaient à parler. C'est à leur prière muette qu'il se rendit.

— Après tout, dit-il, pourquoi ne vous raconterais-je pas la chose? Vous comprendrez, vous.

Et il ajouta, l'expression soudain féroce :

— Elle a bien compris, elle !

— Qui donc ? demandai-je.

— Ma garce de femme, répondit-il. Ah ! monsieur, l'abominable créature, si vous saviez ! Oui, qu'elle a compris. Trop, trop !

Et c'est bien pourquoi je lui en veux tant. Plus encore que pour m'avoir trompé. Car ça, n'est-ce pas? c'est une faute naturelle, ça peut se pardonner. Mais le reste, voilà le crime, l'horrible crime.

Sa femme était celle qui, chaque soir, se posait sur la cible en planches, les bras en croix, les mains écarquillées, et que le vieux saltimbanque gantait et nimbait de ses couteaux affilés comme des rasoirs et plantés à fleur de chair.

Elle pouvait avoir une quarantaine d'années, avait dû être assez jolie, mais d'une joliesse perverse, avec un nez insolent, des yeux cruels, une bouche à la fois sensuelle et mauvaise, à la lèvre inférieure trop charnue pour la lèvre supérieure mince et sèche.

J'avais remarqué plusieurs fois qu'à chaque couteau planté elle poussait un petit éclat de rire, à peine entendable, mais très significatif quand on le percevait, un éclat de rire aigre et souverainement moqueur. Mais j'avais toujours attribué cette sorte de réponse à un artifice voulu de mise en scène. C'était destiné, pensais-je, à mieux accentuer le danger couru et le mépris qu'elle en avait grâce à la sûreté de main du viseur. Aussi je fus stupéfait quand le saltimbanque me dit :

— Son rire, vous l'avez observé, hein? Son méchant rire qui se fout de moi, son rire lâché qui me défie. Oui, lâche, puisqu'elle sait bien qu'il ne peut rien lui arriver, rien, malgré tout ce qu'elle mérite, malgré tout ce que je devrais lui faire, malgré ce que je *veux* lui faire.

— Vous voulez quoi donc?

— Dame ! Ne le devinez-vous pas? Je veux ceci : la tuer.

— La tuer parce qu'elle vous a... ?

— Parce qu'elle m'a trompé? Non, non. Pas pour cela, je vous répète. Cela, je le lui ai pardonné depuis longtemps. J'y suis tellement habitué! Mais le pis, c'est que la première fois que je lui ai pardonné, quand je lui ai dit que tout de même, si je voulais, je pourrais me venger en lui coupant le cou un jour, sans avoir l'air de le faire exprès, comme par un accident, une maladresse...

— Ah ! vous lui avez dit cela?

— Certes. Et je le pensais. Oui, je pensais le pouvoir. J'en avais bien le droit, voyons! Et c'était si simple, si commode, si tentant!

Songez donc ! Un geste à faux, d'un centimètre seulement, et elle aurait la peau entamée, là, au cou, où passe la jugulaire; et la jugulaire serait ouverte tout net. Mes couteaux coupent si bien ! Et, la jugulaire tranchée, bjim ! bjim ! Le sang giclerait tout de suite. Un, deux, trois jets rouges. Et ça serait fini. Elle serait crevée ! Je serais vengé !

— C'est vrai, pourtant ! Effroyablement vrai !

— Et sans risque pour moi, n'est-ce pas ? Un malheur, voilà tout, un guignon, une erreur, comme il en arrive tous les jours dans nos métiers. De quoi m'accuserait-on? Qui penserait seulement à m'accuser? Homicide par imprudence, pas davantage! On me plaindrait même, plutôt que de m'accuser. Ma femme ! Ma pauvre femme, que je dirais en sanglotant ! Ma femme qui m'est si nécessaire, qui est la moitié de mon gagne-pain, qui fait partie de mon tour ! Avouez qu'on me plaindrait !

— Sans aucun doute.

— Et que cette vengeance-là serait une belle vengeance, la plus belle de toutes les vengeances, avec l'impunité assurée?

— Évidemment.

— Eh bien ! quand je lui ai dit ça, comme je vous le dis, et mieux encore, en la menaçant, fou de rage, prêt à faire la chose ainsi que je la rêvais, savez-vous ce qu'elle m'a répondu?

— Que vous étiez un brave homme, et que vous n'auriez certainement pas l'atroce courage de...

— Ta, ta, ta ! Je ne suis pas si brave homme que vous le croyez. Le sang ne me fait pas peur. Je l'ai montré jadis. Inutile de vous prouver quand et comment. Mais à elle, je n'avais pas besoin de le prouver. Elle n'ignore pas que je suis capable de bien des choses, même d'un crime, surtout d'un crime.

— Et elle n'a pas été épouvantée?

— Non. Elle m'a répondu simplement que je ne pourrais pas faire ça que je disais. Vous entendez bien ! Que je ne pourrais pas !

— Pourquoi?

— Ah ! monsieur, vous ne comprenez donc point? Comment ne comprenez-vous point? Mais ne vous ai-je pas expliqué par quels longs et patients et quotidiens exercices je suis arrivé à planter mes couteaux sans y voir?

— Oui. Eh bien?

— Eh bien ! ne comprenez-vous pas ce qu'elle a, elle, si terriblement compris, que ma main à présent ne m'obéirait plus si je voulais lui faire exécuter son mouvement à faux?

— Est-ce donc possible?

— Hélas! rien de plus vrai. Car j'ai voulu, en effet, j'ai voulu cette vengeance rêvée et que je croyais si commode. Exaspéré par l'outrecuidance de la coupable, par sa sécurité, j'ai résolu plusieurs fois de la tuer. J'ai alors tendu toute mon énergie, toute mon adresse, à faire dévier mes couteaux, quand je les lance à lui border le cou. Je voulais de toutes mes forces les obliquer d'un centimètre, juste pour le lui couper, le cou. Je voulais, et jamais je n'y suis arrivé, jamais, jamais. Et toujours le sale rire de la gueuse continue à se foutre de moi, toujours, toujours!

Et c'est dans un déluge de larmes, avec des râles de rage inassouvie et muselée, qu'il acheva en grinçant des dents :

— Car elle me connaît, la rosse; elle est

dans le secret de mon travail, de ma patience, de mon truc, de ma routine, quoi! Elle vit au tréfond de moi-même; elle y voit clair, plus clair que vous, plus clair que moi; elle connaît la mâchine sans défaut que je suis devenu, la machine dont elle se fout, la machine trop bien remontée, la machine indérangeable, et elle sait bien que je ne *peux* pas rater mon tour.

# UN MONSTRE

# UN MONSTRE

---

La baraque, lamentable et comme honteuse de sa pauvreté, était située tout au bout du champ de foire, à l'endroit infréquenté où l'emplacement coûte moins cher. Elle n'avait pour éclairage que deux maigres lampes à pétrole, de flamme fumeuse, tremblotante et puante. Dans leur lumière rousse, ainsi que dans un brouillard, dansaient sur la toile d'enseigne des figures aux couleurs débuées, en grisaille fantômale. On y distinguait, ou plutôt on y devinait, une espèce de Quasimodo amputé des avant-bras, assis entre de courtes jambes de grenouille repliées contre le torse, et, autour de lui, en éventail, avec des faces d'admiration, un ouvrier, un paysan, une nourrice son poupon au bras, une dame du monde décolletée jusqu'au nombril, un monsieur raide dans son frac et un maréchal de France sabré du grand cordon. Presque aussi vagues et déteints que les personnages du tableau, en costumes flétris et en maillots reprisés sous des souquenilles sans ton appréciable, quatre spectres aux apparences de femmes faisaient un semblant de parade devant le pauvre *entresort*, les pieds dans la boue, les regards mélancoliques fouillant l'ombre où ne s'arrêtait aucun passant alléché. Et qui, en effet, sinon un curieux de misère et un amoureux des misérables, qui diable pouvait bien être attiré par les promesses d'une si calamiteuse enseigne, par ces tristes lampes pareilles à des lumignons de caveau funéraire, et surtout, surtout, par ces quatre malheureuses grelottant sous des paletots d'homme, et laides d'une laideur à ne pas même faire rire, mais à faire plutôt pleurer? Car, en vérité, les larmes venaient aux yeux à contempler leur essai de parade, la plus âgée tambourinant sur une caisse aux sanglots sourds, une autre secouant une cloche enrhumée, la troisième arrachant des hoquets de couacs à l'agonie d'un accordéon poussif, tandis que la plus jeune esquissait des pas avec une lenteur de larve qui s'étire.

Et tous les soirs, depuis huit jours, c'était la même chose. Tous les soirs je me retrouvais là, seul ou à peu près, devant la baraque lamentable, dans laquelle je pénétrais aussi tumultueusement que possible, pour tâcher d'entraîner par mon exemple les deux pelés et un tondu que ma halte tenace faisait arrêter parfois. Oui, deux pelés et un tondu, pas davantage ! Car jamais nous n'avions été cinq spectateurs ensemble, malgré les cris enroués de la femme qui glapissait :

— Entrez, mesdames et messieurs, entrez ! Suivez la foule !

Et cependant il valait la peine d'être vu, le Quasimodo qu'annonçait l'enseigne calamiteuse. C'était un brave monstre, et qui faisait de son mieux pour être agréable au public, et qui nous en donnait, à nous quatre, plus que pour notre argent, bien sûr, et tout autant, ma foi, que si chacun de nous avait été le propre maréchal de France peint sur la calamiteuse enseigne.

Avec ses deux moignons sans avant-bras, dont le coude était remplacé par un unique doigt sans phalanges, il se versait à boire et buvait, se découpait du pain et mangeait, enfilait une aiguille et cousait, chargeait une carabine et dégotait une pomme placée sur la tête d'un de ses enfants, *à l'instar de Guillaume Tell.* Avec ses jambes de grenouille, repliées contre son torse et qui n'avaient de ressort que du genou à la cheville, il bondissait jusqu'au niveau d'une table où il *se rétablissait* d'un coup de moignons. Pour finir, la larve et lui dansaient un ballet pantomime de *la Belle et la Bête,* pendant lequel il se mettait tout en nage, tantôt à sauteler sur ses molles guibolles comme un insecte estropié, tantôt à faire l'arbre fourchu en équilibre sur sa tête et ses deux doigts, tantôt à se redresser par un saut de carpe qui lui plaquait le cul au plancher d'une secousse brutale et écrasante, à croire qu'il allait s'y aplatir tout entier, les reins rompus, la tête rentrée dans la poitrine, la viande et les tripes s'effondrant.

Et cela, le pauvre monstre, avec son pauvre corps de vieillard, avec une barbe et des cheveux d'apôtre, blancs et vénérables.

Inutile de dire, n'est-ce pas? qu'au lieu des quatre sous demandés (quatre aux premières, deux aux secondes), je donnais chaque soir au brave monstre une pièce blanche. Une pièce blanche aussi à la si dolente larve qui marmonnait ensuite, si lugubrement, en vous allongeant sous le nez une tasse en fer battu :

— N'oubliez pas mes petits bénéfices !

Tant et si bien qu'un beau jour il éprouva le besoin de me montrer sa gratitude, l'honnête monstre, et ne se contenta plus du banal merci habituel, mais ajouta d'un air ému :

— A la bonne heure, vous, monsieur, vous êtes un connaisseur.

Je répondis au compliment, cela va de soi, par un autre. Une conversation s'engagea. La sympathie germait. Je ne pouvais moins faire que de l'arroser avec un bon litre. Un litre en appelle un second. Au troisième, le monstre me confiait ses peines.

— Non, allez, je n'ai pas de chance. Des guignes, des guignes et des guignes, v'là ma vie ! Et pourtant, bon Dieu de nom de Dieu, j'avais joliment tout ce qu'il faut pour réussir.

Ce disant, il montrait ses moignons et ses jambes.

— Ah ! fichtre, oui, tout ce qu'il faut ! Des flûtes à la manque, comme on n'en voit guère, et des ailerons comme on n'en voit pas. Seulement, voilà, j'ai été gourmand. Ambitieux, quoi ! J' m'ai imaginé qu'avec une femme dans mon genre nous aurions des gosses je n' te dis qu'ça, des phénomènes de choix, à gagner des cents et des mille. Alors je m'ai mis en ménage avec Naïde. Vous l'avez p' t'être connue aut' fois, Naïde, la grosse Zénaïde, qu'on appelait la Vénus-tronc ? Une cul-de-jatte, mais une cul-de-jatte perfectionnée, sans abattis d'en haut ni d'en bas.

— Non, j'ai connu seulement Césarine, la Vénus au râble.

— Oh ! oui, une pochetée ! Elle avait des bras. Mais Naïde, du flan, en fait de bras ! Deux petites nageoires aux épaules, pas plus ! Et quant au train d' derrière, nisco ! Un derrière, et pas de train. Des fesses, un point, et c'est tout.

Les yeux du monstre se voilèrent d'un souvenir attendri ; puis il continua, son visage changeant soudain d'expression, et devenu aigre :

— La garce, tout d' même ! Bâtie comme ça, qui qui m'aurait dit qu'elle me tromperait ?

Je pris la mine compatissante que demande une confidence de cocu. Il le comprit et s'écria vivement :

— Non, non, pas comme vous croyez, qu'elle me trompa. C'était une vertu, savez, Naïde. Elle m'aimait autant que j'l'aimais. Nous nous sommes jamais fait de queues, ni moi, ni elle, j' vous en réponds. En quoi elle m'a foutu dedans, c'est rapport aux gosses, vous comprenez. Six, que nous en avons eu, en six ans, et tous les six sans une avarie, tous les six entiers, comme tout le monde. Est-ce une guigne, ça, hein ? Est-ce une guigne ? Non, mais, nom de Dieu, c'en est-il une, de guigne ?

Il crut lire dans mon regard une sorte de reproche blâmant l'entêtement de ses tentatives.

— J' vois bien, fit-il. Vous vous d'mandez pourquoi que j' m'ostinais. J' vas vous dire.

Entre le premier et le second, y avait eu une fausse couche, d'un avorton, vous concevez, d'un môme à la choquotte, qu'avait l'fondement de sa mère. C'est pourquoi j'm'ostinais. Nous avions toujours l'espoir d'un nouveau lardon pareil à c' lancier-là, et qu'aurait vécu. Ah! c'qu'il aurait été l'Béjamin, ç'ui-là! Il nous aurait un peu consolés des autres.

J'insinuai que les autres me semblaient se conduire en enfants très gentils pour leur père et qu'ainsi...

— Gentils, gentils! s'écria-t-il, vous croyez ça, vous! Oui, sûr, c'est pas des mauvaises filles. Vous les avez vues au turbin; elles font ce qu'elles peuvent. Mais attendez un peu. Vous jugerez t' t'à l'heure. Que j'finisse d'abord mon boniment sur Naïde! Malgré tout, elle et moi nous pouvions boulotter. C'était un couple palas, à la r'mouche; et quand on nous avait regardés, on ne r'grettait pas son pognon, pas vrai! Bon, v'là qu'au septième accouchement, ell' me lâche. Ell' crapse! Morto, Naïde! Bonsoir, la Vénus-tronc! Et je reste seul, tout seul avec six nom de Dieu de propre-à-rien sur les bras.

Il les levait au ciel, ses infirmes bras, ses courageux moignons, et je vous jure que sa baroque image n'avait en ce moment rien de ridicule.

— Mais ce n'est pas encore ma dernière guigne, reprit-il. Voici l'bouquet ! J' suis ostiné, ça, je n' dis pas non. On n' peut pas se r'faire, pas ? Aussi, quand ma fille aînée a eu ses dix-huit ans (vous savez, celle qui fait l'tapin à la porte), j'ai r'pris confiance. Paraît, à c' qu'on m'a raconté, qu' les boscos, ça saute une génération. Alors j'ai pensé qu' ma fille pourrait avoir des gosses pareils à ma femme et à Bibi, et pour être plus sûr qu' ça prendrait, ou au moins quéqu' chose d'approchant, je l'ai mariée à un gonce qu'avait qu'une quille, et d' naissance. Ell' n' l'aimait pas ; mais elle a consenti quand même. Elle est pas bête. Ell' comprenait qu'il fallait ça pour nous r'quinquer.

— Eh bien ! dis-je, si vous ne la trouvez pas gentille, celle-là, vous êtes difficile, vraiment. Il me semble que voilà une fille comme on n'en voit guère.

— Elle, s'écria-t-il, furieux, elle ! Ah ! l' chameau ! Mais attendez donc, que j'vous dis, attendez! Ou plutôt, non, venez juger vous-même, par vos yeux, venez regarder comme elle est gentille, cette rosse-là! Venez voir les salops d'enfants qu'elle s'amuse à faire, et par deux à la fois, vous entendez, par deux. Oui, des jumeaux à chaque coup, monsieur! Deux il y a un an, et deux il y a quinze jours. Venez voir ça, ça vaut la peine!

Il était ivre, et de colère, et du vin bu, et d'avoir rebu toutes ses malechances en me les racontant.

Il m'avait, de son unique doigt, saisi la main; et, suspendu au bout de mon bras, s'appuyant par terre de son moignon libre, il m'entraînait hors du mastroquet par sauts convulsifs.

En quelques bonds nous avions traversé la chaussée et grimpé les cinq marches de sa bagnole.

Dessous, abritées du vent tant bien que mal par une bâche en loques, ronflaient pêle-mêle dans la paille ses six filles. A l'intérieur de la roulante, il y avait un lit où je vis, à la lueur d'une chandelle allumée, quatre enfants endormis, deux au pied, deux à la tête.

Il souleva doucement la couverture et me dit, à voix très basse, de manière à ne point les réveiller :

— Hein! ces cochons-là, croyez-vous qu' c'est rigolo! Pas un stropiat, nom de Dieu, pas un! Tous au complet! Et ils me prennent mon pieu, encore! Oui, j' couch' sur le parquet, là, dans ce coin, pour leurs y laisser la place, à ces muff's-là.

En ce moment, les deux plus petits s'agitèrent et se mirent à miauler, tendant les bras, comme vers leur nourrice.

— Voilà, voilà! fit le monstre ; on vous sert, feignants. Oui, monsieur, faut que j' sois leur larbin aussi. La mère n'a pas de lait, la sacrée vache! Alors, c'est moi qui...

Il leur fourrait dans la bouche, avec des précautions infinies, à chacun un biberon fait d'un litre à en-bout de caoutchouc, biberon probablement confectionné par lui, lui l'infirme aux deux moignons!

— Et du vrai bon lait, dit-il. Du lait rupin! Du lait, qui me coûte quat' ronds la chopine. Du lait d' gens riches! Et faut voir c' qu'ils s'en appuient sur l'estomac, les gougnafiasses!

Doucement, câlinement, maternellement, il soulevait les litres de ses deux charitables moignons, et sa face s'illuminait en face extasiée de grand-papa gâteau, et se retournant vers moi, les yeux humides et caressants, il ajouta dans un tendre sourire :

— Dame ! Qué qu' vous voulez ! On n'peut pourtant pas les laisser crever, les pauv' bougres, sous prétexte qu'ils ont tous leurs membres et qu'ils sont foutus comm' des anges.

# LA VENGEANCE DE POLYTE

# LA VENGEANCE DE POLYTE

Que Polyte, le paillasse-nain de la baraque Mascreux, l'avorton surnommé, à cause de sa taille exiguë, *Trois pouces de jambe et le cul tout de suite*, que ce gnôme à la tignasse rouge, à l'œil vairon, aux allures de reptile écrasé, ne soit pas un très mauvais bougre, ce n'est pas du tout mon intention de vous le faire croire. Mais que sa mauvaise-bougrerie soit patiente, rusée, inventive, spirituelle même, et jusque dans les cruautés où elle peut aboutir, c'est ce que je prétends vous prouver, en vous racontant comment il se vengea, l'autre jour, de deux de ses ennemis : le charbonnier Leroy-Mezodenc et monsieur le vicomte Hugues de Grimetz.

Il faut vous dire d'abord pourquoi il en voulait à ces deux personnes, et il faut en particulier vous éclaircir ce mystère, à savoir par suite de quelles relations anormales l'inimitié avait pu naître dans le cœur d'un pitre de la foire contre un authentique vicomte du faubourg Saint-Germain.

Pour ce qui est de Leroy-Mezodenc, apprenez qu'il était, non seulement charbonnier, mais aussi débitant de vins, comme tout bon Auvergnat établi à un coin de rue, et qu'en outre il avait, lui gringalet, une énorme femme, énorme en hauteur, en largeur et en épaisseur, jeune, au reste, fraîche, belle et superbe en son énormité; et notez qu'il en était extrêmement jaloux. Je n'ajouterai que deux mots, et vous comprendrez immédiatement l'animosité de Polyte à son endroit : Polyte avait un béguin pour la charbonnière et la charbonnière était fidèle à l'Auvergnat.

— C'est-il pas injuste, grognait Polyte, qu'un goncier à la manque, comme celui-là, ait une poniffe pareille, si gironde, et dont il ne fout rien!

Car, si l'on faisait observer à l'avorton que lui-même était un goncier non moins à la manque, il vous clouait le bec par cette réponse fort judicieuse :

— A la manque rapport au corps, j'dis pas; et de ce côté-là, lui et moi, nous sommes kif-kif. Mais moi, j'suis à la manque de d'là seulement. Et lui, il l'est de partout. Bête comme un figne, c'lancier-là, et figne d'arrès! Tandis que Bibi, pour le truc, le dric, le fil, le r'fil, le flair, le blaire, et tout ce qu'il faut avoir dans la fiole pour ne pas être un gniolle qu'on patafiole, à lui la pose, à Polyte l'mariolle! Et de sa laisée, dont il ne fout rien, moi j'en aurais fait une femme colosse, dont j'y aurais jacté un boniment que les fliques en auraient déflaqué dans leur culbute!

Et il ajoutait, en taillant une basane et en se flattant, dans une pirouette talon-rouge, de posséder certain mirobolant bâton de chef d'orchestre :

— Sans compter qu'avec ça j'y aurais appris la danse du ventre.

A toutes ces belles propositions de gloire,

de profit et de plaisir, la charbonnière avait riposté, d'abord par un large éclat de rire, puis (un jour qu'il insistait trop tendrement) par une claque plus large encore, une claque à bout de bras, une claque de géante, non pas en masse d'assommoir, d'ailleurs, ni non plus lancée horizontalement, mais une claque humiliante, montant de bas en haut, à la façon d'un coup de pied, et en même temps semblable à un empaumage de ballon, si bien qu'il avait senti son pauvre petit ballon empaumé, en effet, enlevé, pour tout dire, et son lamentable individu arraché du sol et projeté à travers l'espace, battant l'air de ses quatre membres, ainsi qu'un moulin à vent déraciné par le soufflet d'un orage et qui s'envolerait cul par-dessus tête avec les gestes éperdus de ses ailes tourbillonnantes.

Le pire, c'est que le charbonnier avait été, par sa femme elle-même, instruit de la correction, et en avait fait des gorges chaudes tant et plus, et, après s'être esclaffé tout son soûl, ne s'était pas gêné pour dire, redevenu le jaloux féroce qu'il était au fond :

— Je ris comme cha; mais j'y a pas de quoi rire, vougri ! Ch'il y j'y revient jamais, ch'est pas june chimple claque qu'il y j'y aura ; ch'est Guchetave chur la goule, chette fois-chi.

*Guchetave*, c'était le rondin de frêne aux deux bouts duquel le charbonnier portait ses seaux d'eau pendus à ses épaules. Une telle arme, fût-ce aux mains d'un gringalet, c'est plus qu'il n'en faut pour la casser, la goule. Or, Polyte tenait à la sienne.

— Quoique pas jolie, jolie, avouait-il ; mais j'en ai pas d'rechange.

Et la menace de *Guchetave*, jointe au souvenir de la *chimple* claque, avait donc obligé le paillasse à rengainer son amour. Et d'autant, cela va de soi, s'en était accrue sa haine.

Quant à ses raisons d'en vouloir au vicomte Hugues de Grimetz, elles demandent une plus subtile analyse psychologique.

Et puis, au fait, non ! Quoi de plus naturel, de plus humain, de plus banalement poncif, de plus pont-aux-ânes en psychologie, que de voir un individu pauvre, débile et laid en détester un qui est riche, fort et beau, surtout quand ce dernier n'a fait à l'autre que du bien ? Et c'était précisément le cas entre Polyte et le vicomte.

Mais, me direz-vous (et si vous ne me le dites pas, souffrez que je le dise à votre place, puisque j'en ai besoin pour le bon équilibre de ma narration), comment ce vicomte authentique avait-il donc l'occasion de faire du bien à ce non moins authentique paillasse? Et quel diable d'imbroglio ai-je bien imaginé là, exigeant de si longues et si invraisemblables préparations, pour arriver au récit d'une mauvaise farce qui peut-être ne vous amusera pas autant que je me le figure?

Permettez-moi de vous arrêter net en vous disant que je suis blessé de votre impertinente supposition. Si j'avais inventé l'histoire dans laquelle j'ai tout l'air, en ce moment, de patauger, croyez-vous que je n'en aurais pas combiné les éléments, les *si*, les *mais*, les *car* et les *pourquoi* d'une façon plus ingénieuse? Vous ai-je donné le droit de mettre tellement en doute ma dextérité de conteur? J'ai l'amour-propre de penser que non. Conclusion: cette histoire n'est en aucune sorte le fruit de mon imaginative, et si les préparations vous en paraissent à ce point invraisemblables, c'est... Mais vous n'allez pas, j'espère, me réduire à cette extrémité de vous citer un vers de Boileau ?

Au surplus, les susdites préparations, nécessaires à cette véridique histoire, ne sont pas aussi invraisemblables que vous vous obstinez à le prétendre.

Voyons ! ne faites pas la bête ! Vous savez fort bien qu'il existe aujourd'hui de par le monde, j'entends le monde mondain, des jeunes gens très épris d'exercices physiques, j'entends d'exercices comme dans les cirques. Vous n'êtes sans avoir lu dans les feuilles le compte rendu de leurs prouesses. Ces *sportsmen* qui le sont jusqu'à la *sportsmanie*, vous connaissez parfaitement leurs noms, ne serait-ce que pour avoir déclaré, avec un *pft* méprisant :

— Leurs noms ! Leurs fameux noms ! Est-ce qu'ils en sont dignes, ces chevaliers de la barre fixe, ces preux du trapèze, ces paladins du poids de vingt kilos ?

En quoi je ne suis fichtre pas de votre avis, estimant au contraire que ces jeunes gentilshommes remontent ainsi d'un coup aux plus pures traditions de leurs aïeux, lesquels gagnèrent leurs éperons, blasons, titres et couronnes, non pas avec leur cerveau, mais bien avec leurs biceps. D'ailleurs, si vous avez du mal à dire de la gymnastique, allez, je vous prie, chercher un autre auditeur que moi ; car vous avez affaire ici à un homme beaucoup moins fier de savoir ciseler un sonnet que de savoir exécuter élégamment un rétablissement sur les reins.

Mais nous nous égarons à discuter. Revenons au vicomte Hugues de Grimetz. Que vous aimiez ou que vous n'aimiez pas les exercices physiques, toujours est-il que, lui, il en raffolait.

Et c'était un gaillard, je vous en réponds. Digne de porter, non seulement son nom et sa noblesse, mais aussi la pesante armure de ses ancêtres. Et même, si fortes que fussent ces vaillantes brutes, encore n'est-il pas sûr qu'il n'eût pu à plus d'un d'entre eux faire le poil. Car il le faisait à tel et tel lutteur et hercule de la foire, et des plus rupins.

— Pouah ! direz-vous de nouveau, quelle fréquentation pour un vicomte !

Sans doute, bonnes gens, sans doute ! Et nonobstant, avouez que, pour prendre conscience de sa force, il fallait bien qu'il fréquentât ces forts. Du temps de ses ancêtres, il eût fait assaut, et par suite commerce d'amitié, avec ses pairs. Mais, aujourd'hui, ses vrais pairs n'étaient point parmi les grêles messieurs distingués, aux bras sans muscles, aux jambes en paire de pincettes, à la poitrine de poulet, aux épaules étroites, aux pauvres épaules dont il eût pu prendre la mesure en les couvrant d'un bout à l'autre sous une seule de ses larges pattes (vingt-huit centimètres et demi d'envergure). Ses vrais pairs et compagnons maintenant, ceux parmi lesquels il se trouvait à l'aise et chez lui, ceux avec lesquels enfin il pouvait *causer*, c'étaient bien les gymnastes, les lutteurs et les hercules.

Ainsi que s'exprimait méchamment Polyte à son égard :

— Tous ces paquets-là, on voit bien qu'ils ont gardé les poids ensemble.

Car Polyte, lui, naturellement, n'aimait pas les hommes forts, et en particulier détestait le vicomte. Les autres, passe encore! C'étaient des frangins de misère et de turbin, des poteaux, du populo comme lui. Il les tenait à l'œil, un peu, d'être si en viande, tandis que lui-même n'avait que des fesses de goujon. Toutefois il leur pardonnait à l'occasion leurs supériorités membrues, à les savoir ses inférieurs en tout le reste, et à le leur faire avouer bonifacement. Mais ce nom de Dieu de vicomte, hercule de la haute, pas bête malgré son corps tout en bidoche, et de mine et de mise élégantes, et vous humiliant de ses générosités, jamais en retard pour casquer d'un saladier, d'un gueuleton, pour vous foncer du pèze sans compter, quand on en avait besoin, ce pante-là qu'avait tout pour lui et qui faisait loucher les marmites les plus à la redresse, ah! non, par exemple, un accapareur comme ça, on ne pouvait pas tout de même, pas vrai, l'avoir à la bonne!

Il faut bien le dire aussi, tout généreux qu'il fût, le vicomte ne l'était pas sans nuances. Avec ses égaux, les hommes forts, il donnait ainsi qu'on offre une pipe de tabac à des amis. Il semblait avec eux faire bourse commune, très simplement. Avec Polyte, au contraire, cela prenait un air de pourboire à un domestique, parfois d'aumône à un mendigot. Et Polyte le mariolle, que les autres belles et bonnes brutes traitaient en mec et en dab, malgré sa faiblesse, mais à cause de son astuce, se trouvait doublement blessé de n'avoir, aux yeux de celle-là, de brute, pas plus d'importance, comme il disait, qu'un pet de lapin.

— Mais il me le payera, grommelait-il souvent. Lui et l'autre, l'larbonchem, n'en v'là deux à qui j'garde un cabot d'ma chienne. Laissez pisser l'mérinos! J'poireauterai le temps qu'il faudra. Et je finirai bien par dégoter un joint pour leur faire flasquer des os en traviole.

Et, en effet, après de longues méditations, de patients affûts, après avoir attendu la coïncidence de toutes les occasions nécessaires à sa double vengeance, il put enfin l'exécuter, et la voici...

— Alors, dit un jour Polyte au vicomte, alors, comm' ça, les camerluches et vous, vous vous figurez qu'ça fait des hommes forts?

— Dame! il me semble, répondit le vicomte en se rengorgeant.

— Eh ben! reprit Polyte, il vous semble à côté. Vous et les camerluches, vous vous fourrez rien l'doigt dans l'œil. La vérité, c'est que les camerluches et vous, vous et les camerluches, vous n'êtes que des chiffes.

— Des chiffes ! Allons donc, aztèque ! Nous, des chiffes !

— Sûr, pas aut'chose. Et la preuve, c'est que moi, Bibi, tout aztèque que j'suis, j'connais quéqu'un qui vous tombera quand vous voudrez, et même sans qu'vous l'vouliez. Et c'quéqu'un-là, c'est une gonzesse.

A l'idée saugrenue d'être tombé par une femme, le vicomte s'esclaffa.

— Y a pas d'quoi rigoler, continua Polyte. Al' vous tombera, que j'vous dis, et en cinq sec. Si vous osez, par exemple !

Et il ajouta en haussant les épaules et en crachant :

— Seulement, v'là, vous n'oserez pas.

Le vicomte avait pâli. Ah! Polyte savait joliment bien où il fallait le piquer pour le faire cabrer, le gentilhomme!

— Où travaille-t-elle? Dans quelle baraque? dit le vicomte d'une voix sourde. Tu vas voir si je n'oserai pas! Allons-y tout de suite.

— Oh ! pas plus vite que les violons, flûta Polyte en aspirant une longue goulée d'air par le rond de ses lèvres mises en cul de poule.

Puis, d'un air goguenard, avec une familiarité gouailleuse qui le vengeait déjà et qu'il savourait à petites gorgées :

— D'abord et d'une, s'agit pas seulement d'être râblé, dans c't' affaire-là; faut être mariolle aussi; faut avoir de l'atout et de l'arnaque, et du fil, et un tas de choses, quoi, qu'vous n'avez pas. Ainsi pour commencer, savez-vous parler fouchtra et vougri?

— Pourquoi?

— Parce que le truc l'exige; parce que la particulière ne donne la prise qu'à ses pays; et encore! Quand ça la botte, ou quand on l'engante de force, après s'être insinué chez elle à deux pouces du nez par marlouserie. Sans quoi, du flan! La peau!

Bien que le vicomte, grâce à ses belles fréquentations de lutte, entervât le jars comme un frère, cette fois il n'y comprenait goutte. Polyte, d'ailleurs, s'exprimait à dessein en demi-mots, exprès pour irriter l'autre, le monter, lui mettre le sang aux esgourdes, afin de pouvoir bien lui faire ensuite avaler d'un coup, gloutonnement, l'histoire qu'il lui mijotait.

Et quand il le vit à point, prêt à gober tout par impatience, alors il lui lâcha sa rocambole : comme quoi il y avait une certaine charbonnière qui et que, mais avec laquelle on n'arrivait à lutter que par ruse; et qu'il fallait, pour s'introduire dans l'arrière-boutique, que le vicomte se camouflât en gas de Saint-Flour et parlât charabias, et usât alors quasi de violence; et que le mari de la charbonnière, au reste, n'aimait pas ces jeux-là; et donc qu'il y avait à guetter une occasion où il serait absent; que lui, Polyte, Bibi le mariolle, rendrait volontiers au vicomte le service de...; si le vicomte, toutefois, osait, et tenait à risquer tous ces arias-là, pour arriver à quoi, en fin de compte? Oui, à quoi, j'vous l'demande? A se faire proprement coller sur les deux épaules, les abattis en l'air, par une simple laisée, oh! mon Dieu! oui.

— Tout ce que tu voudras, tout ce qu'il faudra, tout, entends-tu? tout, s'écria le vicomte. Je m'habillerai en Auverpin; je parlerai fouchtra et vougri; je ferai n'importe quoi! Mais je tiens à me payer cette partie-là. Une femme! Une femme, me tomber, moi! Ah! par exemple!

Il était excité, emballé, incapable de remarquer seulement de quel œil malicieux le couvait Polyte, qui était en train de se dire *in petto :*

— Est-ce andouille, tout de même, ces hommes forts! N'y a pas de mérite à les faire couper dans un pont. Quel pocheté!

Ce qui était beaucoup moins facile à obtenir, et cependant nécessaire au plan de Polyte, c'était une absence de Leroy-Mezodenc. Surtout une absence telle que la rêvait l'avorton, à savoir que le charbonnier fût dehors en redingote; car cela, paraît-il, importait particulièrement à Polyte, qui en riait d'avance tout seul et se disait :

— Ça, qu'est une idée à Bibi. On verra!

Et une autre chose encore lui était indispensable : c'est que le sergot, de garde dans l'îlot de rues où se trouvait la boutique, ne fût pas celui dont il était trop connu, et connu en mal.

Mais *Trois pouces de jambe et le cul tout de suite* était si patient, que sa patience fut récompensée. Chaque matin il venait faire un tour jusqu'au coin de la rue, pour voir si l'agent était sempiternellement le même. Et un beau jour, enfin, il put s'écrier :

— Chouette! Ça y est. Le flique de service est un bleu. Il ne conobre ni Bibi ni l'larbonchem. Nous allons en mouiller aujord'hui.

Et dare dare il courut chez le vicomte annoncer la bonne nouvelle. Depuis longtemps il le tenait en haleine, lui disant souvent :

— Vous occupez de rien tant que je viendrai pas vous faire signe. Tenez-vous prêt, v'là tout. Prêt à vous frusquiner en fouchtra ! Et travaillez ferme le vougri. Et le jour où j'arriverai pour vous conduire au bonheur, n'ayez plus qu'à sauter dans vot' culbutant d'velours, à vous barbouiller le gniasse, le torse et les pattes de devant et à me suivre.

Aussi, à peine reçu chez le vicomte, il dit simplement :

— Y êtes-vous?

Et le vicomte, rayonnant de joie, se laissa camoufler et grimer par lui, après s'être contenté de répondre :

— J'y chuis, vougri.

— Un instant, pourtant, objecta Polyte. Premiéro, faites-moi porter ça au charbonnier par un larbin, et un rupin qu'ait l'air de quéqu'chose.

Et il remit au valet de chambre du vicomte une lettre, avec en-tête et timbre de la justice de paix, convoquant le sieur Leroy-Mezodenc pour affaire urgente, séance tenante, à raison de témoignage à donner en *affidavit*, vacation payée.

Comment s'était-il procuré ce papier officiel? Par quel saute-ruisseau de chez quel sous-agent d'affaires véreuses l'avait-il fait remplir de formules si compliquées? C'est un secret qu'il n'a jamais confié à personne.

— Ce qu'il y a de sûr et certain, raconta-t-il plus tard, c'est qu'avec ça je tenais mon larbonchem à la traîne, obligé de décaniller de sa turne, et en rédingue. Dame! Pour aller voir le curieux, et vacation payée, on sort, on peut pas faire autrement; surtout un sinve comm'celui-là! Et on met ce qu'on a de plus urf. Or, lui, y a pas d'erreur, il n'a qu'deux costumes : en bras d' limace ou en rédingue. Donc, il ne pouvait s'esbigner qu'en rédingue.

Et Polyte y tenait, à ce que Leroy-Mezodenc fût en rédingue! Car, ainsi qu'on va le voir, le mauvais bougre avait tout combiné, tout deviné, jusqu'à l'imbroglio qui devait... Mais ne lui coupons pas ses effets, et suivons le fil de l'histoire!

Attablés derrière le rideau d'un mastroquet voisin, le vicomte et Polyte virent le larbin entrer chez Leroy-Mezodenc, et celui-ci sortir bientôt de chez lui, débarbouillé à la hâte, tout rouge avec quelques écailles noires encore croutelevant sur la peau, l'air effaré, les yeux hors de la tête, serrant les fesses, et en redingote.

— V'là l'moment, dit Polyte au vicomte. Il vient de tourner par la rue des Dames. Le temps qu'il aille là-bas, qu'il s'explique, qu'il ne comprenne pas, qu'on ne le comprenne pas davantage, qu'on l'engueule et que finalement on le foute à la porte, vous en avez pour un quart d'heure à peu près. Ouste! Dépêchez-vous. Moi, je regarde sans me montrer, parce que la gonzesse me connaît. Et si a'm'voyait avec vous, a's'dout'rait d'quéqu'chose.

Le chapeau rond, à petits rubans flottants, campé sur la nuque, les pieds dans de gros souliers à clous, le torse empaqueté dans une veste trop courte, les jambes pantalonnées de velours vert à côtes, les ailerons largement écartés du corps en anses de cruche, le vicomte fit son entrée chez madame Leroy-Mezodenc.

Il y avait, malheureusement, de la pratique : deux commères qui bavardaient en se faisant mesurer du charbon de bois. Cela coupa la parole au vicomte. Et aussi, et plus encore, il faut le dire à la louange de la charbonnière, ce qui le rendit silencieux, ce fut l'admiration.

Quelle femme, sacrebleu ! Les manches retroussées jusqu'au-dessus de la saignée, elle exhibait des avant-bras tels, que le vicomte tâta machinalement les siens en devenant blême sous son maquillage au bouchon brûlé. Et les pectoraux, diable ! Pas des seins, de vulgaires seins capables de filtrer entre les doigts ! Mais des demi-bombes, de quoi faire à elles deux un superbe haltère d'au moins quatre-vingts Quant à l'arrière-train, qu'elle venait justement d'offrir aux yeux en se tournant et se baissant pour emplir un boisseau, le vicomte fut obligé de s'appuyer au mur pour le contempler. Il défaillait d'enthousiasme et d'épouvante, à la pensée que tout à l'heure il allait essayer de soulever de terre ce globe dont il serait le nouvel Atlas.

Cependant les commères bavardaient toujours. Cinq minutes, peut-être davantage, s'étaient écoulées. Le temps passe si vite dans l'extase!

— Et vous, dit soudain la charbonnière, vous le ch'tit, qu'éche qu'y vous ji faut?

Le ch'tit! Elle l'avait appelé le ch'tit, lui, un gaillard d'un mètre quatre-vingt-onze! Il en demeura encore plus bouche bée. Il souriait vaguement. Il bavait, presque. Pourtant, il se ressaisit un peu, pour balbutier :

— Che qu'y ji m'y faut? Je chuis j'un pays. Voilà che qu'y ji m'y faut.

Puis, s'enhardissant, il ajouta, avec un sourire de plus en plus bête :

— Vous le chavez pas, che qu'y ji m'y faut?

— Il est soûl, dit une des commères.

— Pour sûr, dit l'autre en se reculant.

— Non, déclara la charbonnière d'une voix indulgente, c'hest j'un pays, voilà tout. Cha vient de là-bas et ch'est encore un peu chimple.

Le vicomte accentua, dans un gros rire :

— Voui, voui, vougri, fouchtra!

Et soudain, sans crier gare, il se rua vers la charbonnière et l'empoigna fortement, d'une main par le bras, et de l'autre par une grande claque sur la nuque, comme il est d'usage entre lutteurs pour se tâter avant l'attaque.

— Eh ben! fit la charbonnière en se dégageant, qu'éche diable qu'il a?

— Il veut probablement vous embrasser, dit une des commères.

— M'embracher? s'écria la charbonnière. Eh! vougri! c'hest pas mon coujin. Voyons, l'homme, qu'éche que vous ji voulez?

Sans rien répondre, mais en clignant de l'œil, le vicomte, à présent, ôtait sa veste, puis sa chemise, et se présentait nu jusqu'à la ceinture, et gonflait ses pectoraux et faisait rouler ses biceps. Après quoi, solidement établi sur ses reins, il dit :

— A vous la prije!

Et il étendit les bras, offrant ses flancs à la lutte.

Les trois femmes éclatèrent de rire.

Ah! non, c'en était trop, à la fin! Qu'elle le traitât de ch'tit, qu'elle eût l'air de ne pas comprendre ce qu'il voulait, qu'elle fît ainsi la bête, bien! Il savait que c'était une habitude chez elle. Polyte l'en avait prévenu. Mais qu'elle se moquât de lui, d'un loyal adversaire, et qu'elle le tournât en ridicule devant ces commères, non, non, il ne le supporterait certes pas!

Et, toute feinte supprimée cette fois, toute politesse de prise-offerte, de tâtage préalable, toute galanterie mise au rancart, brusquement il sauta sur la charbonnière et l'enlaça, la ceinturant à bras-le-corps.

Han! Aïe donc! Quelle masse à arracher du sol! Du cœur! Ça grouille. Ça s'ébranle. Ça roule. Elle jure. Il halette. Les commères piaillent. Le couple bousculant et bousculé les heurte. On s'empêtre les pieds dans des fagots, des sacs. On tombe sur du charbon qui s'effondre et s'écrase. Il fait noir. Une poussière de ténèbres! Qui est dessus? Qui est dessous? Mic-mac! Cris et gnons!

Oh! gnon, en particulier, sur la caboche même du vicomte. Et quel gnon! Un coup de quoi?

Las! hélas! Un coup de *Guchetave* en personne.

Essoufflé, furieux d'avoir été la victime d'une mauvaise farce, Leroy-Mezodenc était arrivé en courant, avait vu sa femme colletée, embrassée, bahutée, chahutée, par ce grand escogriffe à demi nu! Et vite, il avait ôté sa redingote, avait pris *Guchetave* et avait cogné.

Le sang coulait, ma foi ! Le vicomte, l'oreille déchirée, gueulait. La charbonnière ne gueulait pas moins. Et Leroy-Mezodenc gueulait plus encore ; et plus encore peut-être gueulaient les deux commères.

Et voici survenir le sergot, à qui Polyte avait dit :

— Vite, vite, allez les séparer. On assassine là dedans. C'est un vicomte. Un monsieur de la haute. Chez l'charbonnier !

— Allons, circulez ! s'écria le gardien de la paix. Et ne criez pas tous comme ça, nom de Dieu ! Qu'on s'entende !

— Sergent..., dit le vicomte.

— Vous, l'charbonnier, taisez-vous, interrompit l'agent.

— Voilà che que ch'est, fit Leroy-Mezodenc en remettant sa redingote.

— Je vous écoute, répliqua respectueusement l'agent, je vous écoute, monsieur le vicomte.

— Mais, vougri, hurlait le charbonnier, pourquoi che que vous ji m'appelez meuchieu le vicomte, puicheque je chuis meuchieu Leroy.

— Voui, voui, appuyait la femme, Leroy-Mezodenc.

— Leroy-Mezodenc, glapissaient les commères.

— Alors, objecta l'agent, qui est-ce qui est le vicomte?

— Moi, gémissait Hugues de Grimetz.

Et, comme l'agent, époustouflé, ne comprenait pas, Hugues s'épuisait à lui répéter, parlant auvergnat toujours, sans y prendre garde :

— Voui, ch'est moi que je chuis le ji vicomte.

Si bien qu'à la fin l'agent lui-même, machinalement, se mit au diapason général, et cria :

— Eh bien! chuivez-moi touche au pochte, là. Eche clair?

Et il les y emmena, en effet, tandis que de l'autre côté de la rue *Trois pouces de jambe et le cul tout de suite* se tordait de rire, et ne s'arrêtait de rire que pour grasseyer en se dandinant :

— Et dire que ça s'fait tout l'temps comm' ça, la police!

# MIMILE

## MIMILE

---

Si ce n'était pas lui, à coup sûr c'était son frère, et son frère jumeau. Impossible d'en douter ! La ressemblance était criante.

Certes, quelqu'un habitué, comme la plupart des gens, à faire l'aumône sans regarder le pauvre, avait chance de s'y méprendre.

Car l'autre était cul-de-jatte, hirsute, monté sur deux longs bras pareils à des pattes de faucheux estropié, tandis que celui-ci se dressait droit en jambes, la tête rase, et exhibait un moignon.

Mais pour moi qui aime à *dévisager* les mendigots et qui cherche leur âme dans leurs yeux, il n'y avait pas à hésiter une seconde.

Malgré tant de différences, oui, c'était bien le même individu, au front fuyant, au nez futé, à la bouche rigoleuse, aux dansantes prunelles un peu bigles qui avaient l'air de deux papillons toujours voletant l'un auprès de l'autre sans jamais pouvoir s'apparier de niveau.

Rien qu'à ce jeu des prunelles, je le reconnaissais. Non, ce n'était pas même un frère jumeau. C'était lui, évidemment lui.

Néanmoins, pour en avoir le cœur tout à fait net, je lui demandai négligemment en lui donnant mon sou :

— Est-ce que tu as un frère ?

— Non, m'sieu, répondit le gamin.

Car il n'avait pas douze ans, ce *mariolle* admirable, en qui je retrouvais ainsi, sans aucune hésitation désormais, l'ancien petit cul-de-jatte si chevelu et aux bras si longs, devenu droit, pelé et manchot.

Par quel miracle ? Inutile de l'interroger là-dessus, n'est-ce pas ? Déjà, sur son front de renard, sur son pif flaireur, surtout dans ses yeux furtifs et infixables, je lisais toutes les dénégations et tous les mensonges dont il aurait dépisté ma curiosité. Mieux valait, pour savoir un autre jour quelque chose, ne pas éveiller sa méfiance aujourd'hui par trop d'insistante attention, et lui laisser croire que ma question première était la question d'un badaud intéressé par sa misère, sans plus.

Je lui mis donc dans la main un second décime et repris mon chemin, ne me retournant même pas, mais me sentant suivi par le double feu follet de ses prunelles papillotantes.

Six mois plus tard je le rencontrai de nouveau et aussitôt le reconnus, revenu à son avatar d'antan, la tête bourrue comme un chardon, les fesses aux talons dans un cul de bois, les deux bras de pareille longueur, les poings au sol et chaussés de galoches en planchettes.

Puis, à quelque temps de là, je le revis encore, derechef en pied, tondu, mais non plus manchot, et cette fois contrefaisant l'aveugle.

C'était merveilleux d'imitation. Les paupières s'abaissaient, immobiles et tendues. Entre les cils, on n'apercevait qu'un peu de blanc larmoyant. Mais la pose, sans doute, était fatigante à tenir ainsi, et de minute en minute les paupières s'écartaient imperceptiblement et la moitié des prunelles apparaissait.

Ah ! ces prunelles, pouvais-je les prendre pour d'autres, et surtout pour des prunelles vides de regard, ces prunelles toujours dansantes, ces vifs papillons papillonnants et papillotants ?

Et, en lui jetant mon billon, j'avais une envie folle de crier en plein visage au petit bougre :

— C'est toi, n'est-ce pas, môme ? C'est bien toi.

Mais à quoi bon lui donner cette souleur et lui payer si mal le plaisir d'admiration qu'il me procurait, la joie d'être seul à constater son précoce et déjà magistral génie de mendiant ?

Car, maintenant, je n'avais plus besoin de le questionner pour savoir le secret de ses miraculeuses métamorphoses. Je reconstituais aisément en imagination tout son travail.

Comme l'indiquait son regard si mobile, c'était là un esprit inquiet, chercheur, inventif, qui aimait à varier ses moyens d'apitoiement, qui se lassait de l'un, qui en essayait un autre, qui les comparait peut-être, qui en faisait une étude, une science, un art. Et tout cela, pauvret, à l'âge de douze ans !

Où avait-il appris les rudiments de cette science et de cet art ? Avec ses congénères, sûrement, et de cela je ne m'étonnais pas outre mesure, sachant qu'il existe à Paris des écoles de mendicité.

Mais qu'il ne fût pas, comme les autres apprentis de son âge, au service d'un maître plus vieux et l'exploitant, qu'il fût son propre maître et sût travailler à son compte, et qu'il le sût de cette façon-là, si ingénieusement, si merveilleusement, avec tant d'audace et d'astuce, et une telle autorité dans le *camouflage*, voilà qui me semblait du génie, en vérité !

Et je n'étais pas au bout de ma surprise et de mon admiration.

Il y a quatre mois, j'ai rencontré le petit mâtin absolument guéri de toute infirmité, mais flanqué d'une gosseline, aveugle pour de bon, celle-ci, à la mine longue et lamentable, aux grands yeux ternes noyés d'ombre blanche. Il se tenait à côté d'elle, grimant de son mieux son museau fouinard en une expression de stupidité, et exagérant en effarement convulsif et hagard la danse éperdue de ses prunelles à feux follets. Et leurs deux poitrines étaient couvertes par une pancarte unique sur laquelle on lisait ces trois simples mots, disposés de la sorte :

ORPHELINS

AVEUGLE IDIOT

Les sous pleuvaient, comme bien on pense. Et il y avait de quoi. N'était-ce pas sublime ?

Ainsi, non content d'opérer lui-même, et d'être son propre maître, le mendigot était arrivé à avoir une aide, une servante, une élève ! Loin d'être exploité, c'est lui, le gamin, qui exploitait !

Hélas ! c'était trop beau, cela ne pouvait durer. Le génie appelle fatalement la persécution.

Quelques jours après, la fillette se trouvait toute seule. Je crus d'abord que l'autre était malade et demandai affectueusement de ses nouvelles, en donnant une poignée de gros sous. L'enfant comprit, à l'aumône et au ton inquiet de ma voix, que je n'étais pas un ennemi. Elle s'écria :

— Ah ! m'sieu, si vous saviez ! Un malheur ! Un vrai malheur pour moi. I s'a fait chopper.

— Comment ! En prison !

Elle eut un beau soubresaut d'orgueil et répliqua :

— Oh ! en prison, lui, jamais ! L'est bien trop à la coule ! I s'a carapaté des fliques. Seulement, il n'peut plus truquer avec moi. Faut qu'i s'cache.

C'est de bon cœur, non par une vaine curiosité, mais par désir de lui venir en aide si cela m'était possible, que j'interrogeai vivement :

— Où ça ?

L'aveugle se méprit à la vivacité de ma question. Une méfiance lui vint. Peut-être aussi eut-elle regret et peur d'avoir trop parlé déjà. Elle me répondit rudement et d'un air entêté :

— J'sais pas. J'sais plus rien.

Si j'attendais la nuit, si je la filais ! Je saurais, tout de même ! Mais quoi ? Il était dix heures du matin. Bah ! je reviendrai ce soir la guetter. Ou un autre jour ! Il sera toujours temps. Et puis, au fond, quel intérêt ?... Et, toute réflexion faite, je me contentai de renouveler mon aumône, grassement, avant de m'en aller, espérant avoir ainsi apprivoisé la gosseline pour une occasion prochaine.

Bien m'en a pris; car l'occasion est revenue, et la petite, apprivoisée, m'a fait ses confidences.

C'était avant-hier. Je rentrais à Paris, ne pensant plus guère à tout cela. Près de la gare Saint-Lazare, j'aperçois la petite aveugle, donnant la main à un vieillard, aveugle aussi. Je saute en bas de voiture, je vais au couple, et je dis à l'enfant :

— Te souviens-tu du monsieur, qui, au mois de juillet dernier... ?

A ma voix, brusquement, elle se rappelle, et tout à coup éclate en sanglots. Je demande :

— Eh bien ! quoi? qu'est-ce qu'il y a? Est-ce qu'il est arrivé malheur à... ?

— Non, non, répond-elle très vite. A lui, rien ! Oh ! rien, heureusement. Mais à moi, à moi, pour sûr.

— Quoi donc?

— I m'a plaquée.

Ici le vieillard interrompt et grommelle :

— C'est un p'tit muffe.

Et la môme de grincer des dents et de glapir :

— Dis pas ça, daron à la manque, dis pas ça.

J'interroge :

— C'est ton père, ce vieillard !

Il geint lamentablement en marmonnerie pleignarde :

— Oui, mon bon monsieur, oui, son pauv'père.

— Pas vrai, crie l'enfant. C'est pas mon père. J'peux vous l'dire à vous, qu'êtes un ami. C'est pas mon père. C'est un qui truque avec moi, en place de Mimile qui m'a plaquée.

— Et Mimile, qu'est-ce qu'il fait maintenant ?

Elle me répond, la mendiante de onze ans, avec une douloureuse expression de femme jalouse, trompée, martyrisée, et qui aime encore:

— Mimile, il est heureux, comme il le mérite. I n'trime plus, mon p'tit Mimile. Ça d'vait arriver. Il est si marlou ! Il a une marmite, Mimile.

Elle essuie, avec ses pâles mains tremblantes, de grosses larmes qui tombent de ses grands yeux ternes, et elle ajoute mélancoliquement :

— Une marmite qu'a des quinquets pour allumer les vieux.

De nouveau elle sanglote et en sanglotant elle murmure d'une voix amoureuse et tendre :

— Ah ! si j'en avais, moi, des châsses !

LAID

# LAID

---

Certes, à notre benoîte époque d'égalitairerie, de médiocratie, de *rentrez dans le rang*, d'abomination rectangulaire, comme dit Edgard Poë; en ce délicieux temps où le rêve de chacun est de ressembler à tout le monde, tellement qu'il devient impossible d'établir une distinction entre un président de République et un maître d'hôtel, tous deux aussi distingués l'un que l'autre; en ces jours avant-coureurs du jour promis et paradisiaque qui verra, si j'ose m'exprimer de la sorte, s'épanouir sur le monde nivelé les grises floraisons de l'uniformité dans le neutre; certes, à une époque pareille, on a le droit d'être laid, le droit et même le devoir.

Mais, en vérité, il exerçait ce droit jusqu'à la plus cruelle rigueur, et il remplissait ce devoir jusqu'au plus farouche héroïsme, le pauvre diable que la mystérieuse ironie du sort avait fait naître sous le nom de Lebeau, et qu'un parrain très ingénieux, inconscient complice des farces du destin, avait gratifié du prénom d'Antinoüs.

Même parmi nos contemporains, en si bonne voie déjà vers l'idéal prochain de la laideur universelle, Antinoüs Lebeau se faisait remarquer par sa laideur. On eût dit, positivement, qu'il y mettait du zèle, trop de zèle.

Non pas, toutefois, qu'il eût une de ces laideurs à la Mirabeau, qui font s'écrier :

— Oh ! le beau monstre !

Hélas ! non. Il manquait de beauté absolument, au point de n'avoir pas même celle-là, pas même la beauté de la laideur. Il était laid, voilà tout, d'une laideur qui était de la laideur, sans plus, sans moins ; bref, d'une laideur laidement laide.

Il n'était ni bossu, ni pansu, ni cagneux, ni jambé en paire de pincettes, ni trop court de bras, ni trop long non plus, ma foi ! Et nonobstant il n'était pas d'ensemble, non seulement au regard des peintres, mais pour n'importe qui ; car on ne pouvait le voir passer dans la rue, qu'on ne se retournât en pensant :

— Cré mâtin ! En voilà un qui est mal fichu !

Peut-être le sentiment de laideur qu'on éprouvait à considérer son visage, déteignait-il sur le jugement qu'on infligeait ainsi à toute sa personne ? Non, cependant. Des gens, en effet, le trouvaient bâti de guingois, rien que sur l'allure, et vu de dos. Et d'autre part, son visage ne présentait aucune hideur spéciale.

Il aurait pu être borgne, projeter un nez pyramidal, ou ne posséder qu'un de ces bouts de pif à l'aspect desquels les loustics du peuple vous appellent monsieur *Nez-en-moins*. Il aurait pu exhiber une bouche sans lèvres, comme fendue par un coup de canif, ou des lippes en rebords de pot de chambre, ou encore un de ces orifices froncés qui ressemblent à des anus. Il aurait pu avoir la face maculée d'une tache de vin, ou enfarinée d'une dartre, ou rongée d'un cancer.

Il aurait pu être coiffé d'une chevelure hirsute, ou en copeaux de carotte, ou en filandres de vermicelle, ou n'avoir pas de cheveux du tout, du tout, ainsi que l'homme à la tête de veau. Il aurait pu, même, être cet homme et bicéphale, quelque chose comme qui dirait l'homme à la tête de veau à deux têtes.

Enfin, que sais-je, moi? Il y a tant de manières d'être hideux, tant de non-beautés imaginables, tant de laideurs à avoir et qu'on a!

Lui, de tout cela, il n'avait rien, rien de rien.

Ses cheveux étaient d'honnêtes cheveux, sans couleur précise, d'un blond châtain et d'un châtain roux, sur un fond de nuance pisseuse; et encore, d'un pisseux vague! Rares, il est vrai : pas assez, toutefois, pour qu'il fût franchement chauve; suffisamment, d'ailleurs, pour laisser transparaître le ton de beurre de son crâne. De beurre? Savoir! Mettons plutôt : de margarine. Et si pâle!

La face semblait en margarine aussi; mais de la fausse, sûrement. Auprès d'elle, le crâne, en margarine non falsifiée, lui, redevenait, par comparaison, presque du beurre.

De la bouche, peu de chose à dire! Moins que peu. Somme toute, néant. C'était proprement, exactement, cette bouche chimérique que les permis de chasse qualifient de *moyenne*. Avait-elle des lèvres? N'en avait-elle pas? Ces lèvres se cachaient-elles sous une moustache? Était-ce une moustache, ça, qu'on voyait là, qu'on voyait à peine et qui était pareil à de la fumée coulant des narines? Du diable si l'on pouvait répondre à ces questions avec certitude! Que ce visage eût une bouche, c'était bien probable; mais on ne l'affirmait que par raisonnement.

Et, à n'en pas douter, ce visage devait aussi être garni d'un nez et de deux yeux, et, vraisemblablement, d'une paire d'oreilles. Il est à croire, en outre, qu'il s'encadrait d'une chose ayant l'apparence d'une barbe; car, s'il eût été rasé, on y aurait noté ce détail caractéristique et l'on eût songé à lui appliquer l'épithète de glabre. N'ayant pas l'occasion d'y songer, on en devait conclure qu'il était poilu. Mais ce poil, de même que les oreilles, les yeux et le nez, combien ils étaient quelconques, et comme ils se dérobaient à toute épithète! Sincèrement, une seule épithète venait à l'esprit pour les signaler un peu, oh! très peu, avec une approximation bien lointaine : on pouvait dire qu'ils étaient... brumeux.

Hum! Brumeux! Est-ce le mot juste? Un regard brumeux, oui; des yeux brumeux, passe; même une barbe en brouillard, cela encore on se le figure, à la rigueur; mais des oreilles brumeuses, et surtout un nez brumeux, est-ce facilement imaginable? Je ne sais trop; et pourtant il faut bien me contenter de cet à peu près. Plus je réfléchis à ce visage, moins je le trouve adjectivable.

Le pire, c'est que je crains, par ce *brumeux* accolé à ces oreilles et surtout à ce nez, de donner au portrait une touche bizarre, et de suggérer ainsi l'idée d'une laideur ayant quelque chose d'étrange, ce qui enlèverait décidément au portrait toute ressemblance.

Mettons donc, si vous le voulez bien, que je n'ai rien dit, et remplaçons toute cette vaine description par la commode formule : *impossible à décrire*. Mais retenons ces faits acquis, et aussi indiscutables qu'inexplicables, à savoir qu'Antinoüs Lebeau était laid, que tout le monde autour de lui en acquérait la conviction à première vue, que personne n'avait souvenir d'avoir jamais rencontré plus laid; et ajoutons que, pour comble d'infortune, il était lui-même de cet avis sur lui-même.

A ce trait, on peut au moins juger qu'il n'était point sot.

Il n'était pas méchant non plus. Mais, cela va de soi, il était triste. Or un triste ne pense qu'à sa tristesse et, de ce qu'il est bonnet de nuit, on infère qu'il est bonnet d'âne. D'autre part, la bonté ne paraît bonne que si elle est gaie. Ainsi, Antinoüs Lebeau passait pour bête et mauvaise bête. Et on ne le plaignait même pas, le pauvre bougre, d'être si laid!

Il n'avait qu'une joie au monde, une seule : c'était d'aller vaguer, par les nuits les plus noires, dans les ruelles les plus obscures, pour entendre les raccrocheuses lui dire :

— Monte donc chez moi, joli brun!

Joie bien furtive, hélas! et qu'il savait mensongère. Car, lorsque parfois, la femme étant vieille ou soûle, il profitait de l'occasion, même les vieilles et les soûles, dès la chandelle allumée dans le taudis, cessaient de lui murmurer le fallacieux « *joli brun* ». A le voir, les vieilles vieillissaient encore et les soûles se dessoûlaient. Et plus d'une, quoique cuirassée contre tous les dégoûts et prête à tous les hasards de la retape, plus d'une, après le déduit machinal et malgré le payement généreux, l'avait régalé, naïvement, d'un :

— Nom de Dieu! T'es rien vilain tout de même, mon petit homme.

Puis, à cette lamentable joie elle-même, il avait renoncé, après avoir, un soir, ouï cette phrase plus lamentable encore, qu'une malheureuse ne put s'empêcher de gémir en le servant :

— Vrai, c'qu'il faut avoir faim!

Hélas! c'est qu'il avait faim aussi, lui, le malheureux, faim d'amour, faim de quoi que ce fût ressemblant si peu que ce fût à de l'amour, faim de ne pas vivre en paria, faim de ne plus être exilé, proscrit dans sa laideur. Et la laideur la plus laide du monde, la plus monstrueuse, la plus répugnante, lui eût semblé belle, chez l'être qui eût consenti à ne pas le trouver laid, lui, à ne pas au moins lui dire qu'il l'était, à ne pas simplement lui laisser comprendre qu'on l'avait en horreur comme tel !

Si bien qu'un jour, ayant rencontré une pauvresse, aux yeux chassieux, au front peaussu, à la chevelure mangée de plaques dénudantes, à la trogne alcoolique, à la bouche baveuse, au corps infirme sous des jupasses en loques et crottées, comme il lui avait donné une grosse aumône et qu'elle l'en avait remercié en lui baisant la main, il l'emmena chez lui, la fit décrasser, soigner, vêtir, la prit pour bonne, puis l'installa en guise de gouvernante, puis la haussa au rang de maîtresse, puis, naturellement, l'épousa.

Elle était presque aussi laide que lui. Il avait donc trouvé le bonheur, enfin, enfin !

Presque aussi laide que lui ! Oui, en vérité, presque ; mais presque, seulement. Presque, et pas autant toutefois ; car elle était hideuse, elle, et cette hideur avait sans doute son charme, sa beauté, ce je ne sais quoi par où l'on peut séduire.

Et elle le lui avait bien fait voir en le séduisant lui-même ; et elle le lui fit voir mieux encore en en séduisant un autre.

Ah ! cet autre, plus laid que lui, par

exemple, cet autre! Certes, plus laid, ce ramassis de toutes les laideurs physiques et morales, cet ancien copain de mendigoterie qu'elle était allée chercher parmi sa truandaille d'autrefois, gibier de prison, vendeur de petites filles, malandrin au moignon ulcéreux, aux jambes de crapaud reployées sous le ventre, à la gueule de lamproie, à la face en tête de mort où le nez était remplacé par deux trous.

— Et c'est avec ça, hurlait le pauvre cocu, c'est avec un pareil monstre que tu me trompes. Et chez moi! Et exprès de façon à vous faire prendre par moi en flagrant délit! Mais pourquoi, pourquoi, gueuse? Pourquoi, puisqu'il est encore plus laid que moi?

— Oh! pour ça, non, s'écria-t-elle. Dis tout ce que tu veux, que je suis une salope, et même une pas grand'chose; mais ne dis pas qu'il est plus laid que toi.

Et le malheureux resta vaincu et accablé sous ce mot suprême qu'elle prononça sans comprendre toute l'horreur qu'il en éprouvait :

— Parce que lui, vois-tu bien, il a sa laideur à lui, tandis que toi, t'es laid comme tout le monde.

# LE CUL-DE-JATTE

## LE CUL-DE-JATTE

---

Bien sur, ainsi que le pensaient très judicieusement ses confrères et ainsi qu'il le reconnaissait lui-même, non sans tristesse, le père Bignard aurait pu être mieux *fadé* en moyens d'apitoyer les passants.

Il jouissait seulement, en effet, d'une infirmité banale et médiocre. Il n'avait qu'une jambe de moins.

Et cette jambe avait beau manquer tout entière par suite d'une désarticulation de la cuisse, cela ne constituait quand même qu'une jambe de moins, une, et en somme le père Bignard n'était qu'un simple bancal. Il n'y avait pas de quoi faire le malin!

D'autre part, l'aspect du bonhomme ne respirait pas la misère. Bien loin de là ! Il respirait la plus admirable santé ; il était gros et gras, presque ventru, de face large, rose et fleurie.

Il n'avait pour lui qu'un atout : son air honnête.

Or il faut croire qu'il jouait assez habilement de cet atout-là ; car, malgré son infirmité si méprisable, malgré sa mine si peu touchante et plutôt pétant de prospérité, malgré tant de raisons qu'il avait enfin d'être un mendiant auquel on ne donne pas, malgré tout il faisait recette.

Pas autant toutefois que sa ménagère, ou (pour dire la vérité) sa maîtresse ; car il avait une *laisée*, ce gueux, et, je vous prie de le croire, une fameuse !

Ce n'est pas que Marie-les-yeux-blancs, comme on l'appelait, eût été plus favorisée par la nature en fait d'infirmité. Elle n'en avait aucune, elle ! Mais elle savait si bien se composer l'apparence de les avoir toutes sans exception ! Elle semblait l'infirmité en personne.

Longue, mince, maigre, blême, elle vous avait une façon de se coller contre un mur, de s'y aplatir, qui en faisait comme un fantôme.

Plantée là, immobile, marmiteuse et de guingois, toute pâle dans sa robe noire, un bras ankylosé le long du corps, l'autre tendant la main d'un geste cassé, le torse déjeté sur la hanche anguleuse, les genoux cagnant, un pied la pointe en l'air et en dehors, et ses grands yeux fixes ne laissant voir que le blanc, elle avait l'air d'être à la fois bossue, boiteuse, manchote, paralytique et aveugle.

C'était un couple heureux. Ils ne se privaient de rien.

En hiver, sous la guenille élimée aux savantes effilochures, ils avaient de bons tricots. Même, l'unique jambe de pantalon du père Bignard cachait deux grands bas de laine, ce qui lui permettait de dire plaisamment :

— J'en porte une paire aussi, moi, comme tout le monde.

En tout temps, ils commençaient leur besogne seulement à onze heures du matin, après un copieux déjeuner au *Lapin-sans-Queue*, où ils revenaient le soir manger la soupe et l'arroser largement de quelques litrons et de *pétrole* à deux sous le grand verre.

Quand la journée avait été plus fructueuse encore qu'à l'ordinaire, la godaille habituelle se terminait en superbe soûlerie à tirel-arigot.

Tant de bonheur n'allait pas sans exciter l'envie des camaros moins fortunés. Et, comme il y a un vague sentiment de justice au fond de tous les êtres humains, c'est contre le père Bignard en particulier que se déchaînait cette envie.

Dame! mettez-vous, pour un moment, à la place des autres!

Est-ce qu'il méritait une pareille chance, lui, avec son imbécile de *guibolle à la manque?* Surtout quand il y avait des *gonciers* tout à fait *à la redresse, avantagés* d'infirmités sérieuses, de monstruosités même, et qui pourtant, en dépit de tout, *ne faisaient pas le rond!*

Encore s'il n'avait pas eu le *turbin* de la Marie, pour lui doubler et tripler sa *galette!* S'il avait gagné son *pognon* à lui tout seul! On lui aurait, en ce cas, pardonné sa veine! Après tout, il avait pour lui sa gueule d'honnête homme, et la *choquotte* qu'il en tirait n'avait rien que d'équitable. Ça, c'était son truc personnel, son outil à lui ! Soit, on l'admettait !

Mais qu'il eût aussi son *blot* dans ce que *poissait aux pantinois* son épatante *mislo-quière !* Ah ! non, ça, on ne pouvait pas le digérer. C'était pas de jeu ! Du privilège et de l'accaparement, quoi !

Le plus enragé contre les passe-droits du père Bignard, son plus mortel ennemi dans le quartier des Épinettes, c'était le môme Jules, dit *Flaire-pet*, ainsi surnommé parce que son pif aux narines épatées, en *j'en-ramasse-avec-mon-nez-plus-qu'avec-une-pelle*, arrivait tout ras au niveau du prussien des autres ; car le pauvre bougre était cul-de-jatte.

Une infirmité numéro un, celui-là, qu'il avait, et de quoi ramasser des *pélos* à pleine sébile, si le monde avait été juste !

Mais va te faire fiche ! Avec son tronc d'écrasé, et avec ses lamentables tordions d'insecte à qui on a coupé les pattes, et malgré sa voix attendrissante de crapaud râlant, il trouvait à peine dans sa belle infirmité numéro un de quoi nourrir sa moitié de corps.

10.

Et, quoi qu'il pût en penser, le monde n'était pas si injuste envers lui !

Il faut avouer, en effet, que le misérable était fait pour inspirer encore plus d'horreur que de pitié. Il donnait tellement l'impression d'une bête venimeuse ! Il avait des yeux si abominables !

Des yeux tout petits, un peu bigles, mais dont la double paillette convergente luisait de malice aiguë, de férocité, de convoitise et de vice !

De vice, surtout ! Il semblait qu'à toujours considérer les gens de bas en haut, ces yeux étaient devenus fouilleurs de dessous, guetteurs de charnelles apparitions entrevues dans l'ombre des jupes. On eût dit que leurs regards retroussaient ces jupes, et grimpaient sournoisement dans cette ombre, et s'y régalaient de lascives et vrillantes caresses, et en revenaient mouillés de mystérieuse luxure.

Aussi, à la rencontre du gnôme, les femmes les plus charitables ne songeaient-elles qu'à fuir cette sorte de viol hideux, tandis que les hommes indignés se retenaient pour ne pas pousser du pied ce dégoûtant rival. Cela, évidemment, sans tant réfléchir, mais d'instinct, de prime mouvement, et d'un mouvement irrésistible.

N'empêche que le misérable en était victime, et crevait de faim plus souvent qu'à son tour.

A la longue, sa haine contre le père Bignard devint atroce. D'autant qu'elle se compliquait d'un furieux désir allumé par *Marie-les-yeux-blancs.*

Les autres femmes, il se contentait d'en jouir par le regard, en effet. Mais celle-ci, pourquoi donc ne la posséderait-il pas réellement? C'était une *camerluche*, une de la bande, une qu'il pouvait avoir, qu'il avait vraiment le droit d'avoir, puisque le bancal l'avait bien!

Et elle était si *gironde*, et si *à la coule* en même temps! *Bath au pieu*, pour sûr! Le père Bignard ne se gênait pas pour en *jacter* monts et merveilles, le vieux salopiot. Et la reine des *daronnes* aussi, et surtout, quant à la recette!

Il se mit à lui faire de l'œil. Et quel œil! Son plus déshabilleur, son plus lubrique, son mieux promettant! Un œil dont les regards avaient comme des doigts agiles, des pattes d'araignée aux furtives chatouilles, de longues tentacules enveloppantes et voluptueuses et faisant ventouse aux bons endroits.

La femme n'y résista pas. Elle ne lâcha pas son bancal, toutefois.

— Dame ! tu comprends, l'môme, dit-elle, j'peux pas le plaquer. Ça serait trop bête. Il fait plus que toi.

Mais elle se donna. Ce fut pour le cul-de-jatte un triomphe sur le père Bignard, une revanche. Il s'en vanta, alla répétant partout :

— Pas esbloquant qu'il ait d'la veine ! Je l'fais cocu.

L'autre eut vent de la chose, apprit le propos, s'assura qu'il était véridique, puis réfléchit en homme de sang-froid qui n'agissait pas à la légère.

— C'est avec ses yeux de singe qu'il l'a prise, pensa-t-il, oui, avec ses sales yeux de singe cochon. C'est donc par là qu'il faut les décoller.

Le père Bignard, comme on voit, n'était pas un imbécile.

Et un soir, s'étant embusqué, il sauta sur le môme, le renversa par terre, lui tint d'une main les deux poignets immobiles, et de l'autre lui administra le célèbre et terrible *coup de la fourchette*, qui fait sauter les deux yeux.

Il retourna ensuite au *Lapin-sans-Queue*, où Marie l'attendait pour dîner. Il était tranquille et superbe, et c'est d'une voix sereine qu'il raconta comment il s'était vengé.

Les *aminches* l'admiraient et le félicitaient, disant :

— C'est crâne et malin. Il a trouvé le vrai joint. Il la connaît dans les coins. On n'peut pas lui en apprendre, à ce vieux marlou d'père la Bigne. Il a toujours de la retourne.

— Vous n'êtes que des moules, s'écria soudain Marie. Et lui est encore la plus moule des moules. Tas d'andouilles ! Alors, vous croyez comme ça qu'parc'que l'môme n'a pus d'zyeux...! Mais c'est à cause de ses yeux, justement, qu' les pantes ne lui donnaient pas. Les pouffiaces de la haute et leurs lanciers en avaient l'taf, de ces yeux-là. Mais maint'nant qu'il ne les a pus, ses yeux, à lui le pompon pour le ramastiquage des ronds !

Et elle se sauva, après avoir, du seuil, apostrophé ainsi le malheureux père Bignard qui en demeura interdit, stupéfait, muet et tout bleu :

—Va donc, eh! fignon! Faut-il qu'tu l'sois! Turbine tout seul à c't'heure, ma vieille! Moi, peau de bastaud! A partir d'aujourd'hui, c'est l'môme qu'est mon homme. Cul-de-jatte et aveugle, il fera plus que toi, sale brancroche!

# BONNES FILLES

# BONNES FILLES

Tous les vendredis, régulièrement, vers onze heures du matin, il arrivait dans la cour, posait à ses pieds son feutre mou, préludait sur sa guitare par quelques accords plaqués, puis entonnait sa romance d'une voix ronde et grasse.

Et bientôt, sur les quatre façades de caserne des hautes et mornes bâtisses entre lesquelles la cour faisait fond de puits, les fenêtres une à une s'ouvraient, et à chaque fenêtre apparaissait une fille, qui en peignoir élégant, qui en honnête camisole, d'aucunes la gorge et les bras nus, toutes accourues au saut du lit, les cheveux ramassés à la diable, les yeux s'écarquillant éblouis du jour brutal, le teint plombé et les paupières encore lourdes du labeur nocturne.

Et sur ces pauvres faces, si dolentes au réveil, un rayon s'allumait et comme une aurore se mettait à fleurir, tandis que le chanteur continuait sa romance, pourtant bien banale, barytonnée de quel accent à la fois vulgaire et prétentieux, avec des ports de voix pleurards, des roulades gargouillantes et de savonneux roucoulements *dégueulando*.

C'était la *Valse des adieux*, ou le *Temps des cerises*, vous savez ! Et c'était encore :

> Mais que les bran-an-anches
> *Soillent* toutes blan-an-anches,
> Ou qu'au printemps verdisse le gazon,
> Rose, je t'ai-ai-aime
> Toujours de mê-ê-ême,
> Car pour l'amour il n'est pa-a-as de saison.

Et aussi *la Neige au blanc cortège*, et *Dans les sentiers pleins d'allégresse*, et *On ne meurt pas d'amour*, et

> Vers les rives de Fran-ance,
> Voguons en chantant,
> Voui, voui, voguons doucement !..

Ah! comme elles voguaient doucement, en effet, les pauvres filles, bercées par la traînante mélodie! Comme elles voguaient à pleines voiles, non pas vers les rives de France, mais vers les rives plus brillantes encore des îles d'oubli, sur une mer caressante aux flots de rêve! Comme elles s'y abandonnaient en toute béatitude, voui, voui!

Et les sous pleuvaient, et même des pièces blanches, autour du beau nautonier, ondin de cette mer suave; et plus d'une aurait voulu suivre le sou qu'elle jetait, et aller rejoindre, elle aussi, le chanteur à la voix de Sirène qui semblait, du fond de son puits, crier à toutes ces amoureuses :

— Venez, venez; dans ma retraite, vous trouverez des palais en cristal et en or, et des couronnes éternellement vertes, et le bonheur et l'amour qui ne se fanent jamais.

Car voilà ce qu'elles entendaient, bien sûr, les infortunées, en écoutant le chanteur, à travers les vagues et doux souvenirs de leur enfance, les songes féeriques des vieilles légendes crues autrefois. C'est cela qu'elles comprenaient, dans les niaises paroles de la romance. Certes, certes, cela et pas autre chose. Comment en douter, à voir le rose frais et si jeune qui s'épanouissait sur leurs joues en innocences printanières, et la tendre flamme qui palpitait comme une veilleuse mystique dans leurs yeux redevenus en ce moment des yeux de fillettes?

Mais fillettes vite grandies, hélas! combien précoces, et en qui tout de suite revivaient les femmes qu'elles étaient, pauvres vendeuses d'amour toujours en quête d'amour à acheter, elles aussi!

Et c'est pourquoi, dès la seconde romance, parfois plus tôt, de ces yeux enfantins partait un regard concupiscent. Le nautonier de rêve, l'ondin des contes de fées, il s'évanouissait avec la fugitive fumée des souvenirs d'enfance, vaguement réapparus, et le chanteur reprenait sa vraie figure, d'*artiste* et de cabotin qu'elles avaient envie de se payer.

Et les sous et les pièces blanches pleuvaient de nouveau, avec des sourires engageants, de raccrocheuses œillades, et même des *pst pst*, dont les gazouillis bientôt innombrables transformaient la cour aux quatre façades de caserne en une énorme volière pleine d'oiseaux pépiant.

Plus prétentieux alors, plus *artiste* et plus cabotin se faisait le chanteur, qui grasseyait jusqu'à l'écœurement ses flûteries mélancoliques, se gargarisait sans fin de ses roulades, roucoulait et caracoulait et s'alanguissait en ports de voix où l'on eût dit que dans un *dégueulando* suprême il allait rendre l'âme.

Et certaines, ne pouvant plus se retenir, laissaient échapper tout haut, pâmées et les yeux blancs :

— Est-il beau, c't' animal-là ! Nom de Dieu, qu'il est beau !

De fait, il était beau, on ne pouvait le nier, et même trop beau. D'une beauté régulière et poncive à en être fade. De grands yeux *fendus en amande*, et au regard *de velours*. Un nez *à la grecque*. Une bouche *de chérubin* sous une *moustache de mousquetaire*. Des cheveux longs, bouclés et *d'ébène*, etc..., etc... Bref, une tête à mettre dans une devanture de coiffeur, ou, mieux encore, en lithographie, à la première page des romances qu'il gémissait.

Mais ce qui le rendait plus beau que tout,

c'est que sa fatuité avait un air de souveraine indifférence.

L'air, et aussi la chanson, ma foi !

Car il ne se contentait pas de répondre aux sourires, aux œillades et aux *pst pst*, en n'y répondant pas. Il y ripostait, quand il avait fini de goualer, en gouaillant, par un haussement d'épaule, un clignement de paupière qui rigolait, un méprisant retroussis de lèvre qui disait très clairement :

— Ce n'est pas pour vous que le four chauffe, mes petites chattes !

Souvent, même, on eût cru qu'il faisait exprès d'afficher ce mépris, et qu'il prenait à tâche, après avoir allumé toutes ces amoureuses, de les éteindre, et de se dépoétiser à leurs yeux. Avec des raclements de gosier qui rauquaient crapuleusement, il ramenait du fond de sa poitrine quelque mucosité gluante et la lançait en l'air d'un long jet sifflant, comme s'il eût voulu à toutes leur cracher à la face.

Mais cela ne le dépoétisait point, même cela ; et beaucoup, la plupart, pour tout dire, absolument folles de lui, allaient jusqu'à trouver qu'il *molardait d'une façon chic*.

Celle qui, la première, dans son enthousiasme, avait poussé ce cri de suprême passion, et qui, après les pièces blanches, en était venue à lui jeter un jour un louis, voulut enfin en avoir le cœur net. Au lieu d'un *pst pst*, elle l'interpella bravement, un beau matin, devant toutes les autres qui gardaient un religieux silence.

— Monte donc, lui cria-t-elle.

Et, par habitude, elle ajouta :

— Je serai bien mignonne, joli brun.

On fut d'abord stupéfait d'une telle audace. Puis une pourpre de jalousie enlumina toutes les joues, un incendie de désir furieux flamba dans tous les yeux, et c'est de toutes les fenêtres à la fois que jaillit un ouragan formidable de :

— Oui, monte, monte.

— Pas chez elle ! Chez moi.

— Non, chez moi.

— J'suis la plus gosse.

— J'suis la plus cochonne.

— J'me fends d' deux louis.

— Moi aussi.

— Moi, ce que tu voudras.

Et, en attendant, il grêlait des sous, des francs, des roues de cinq balles, des jaunets, et aussi des cigares, des oranges, et il tourbillonnait en l'air des mouchoirs de dentelle et des cravates de soie claire et des foulards et des écharpes, qui venaient battre de l'aile autour du chanteur comme un vol caressant de grands papillons multicolores.

Tranquillement, presque nonchalamment, il ramassa le butin, fourra la monnaie dans sa poche, fit des falbalas un baluchon qu'il noua ainsi qu'un paquet de linge sale; puis, se redressant et remettant son feutre sur sa tête, avec un geste de grand d'Espagne au théâtre des Batignolles, il dit :

— Merci bien, mesdames; mais, vrai, j'peux pas.

On pensa qu'en effet, il ne lui était guère commode de satisfaire à tant de demandes, et une voix proposa :

— Laissez-le choisir.

— Oui, oui, c'est ça, cria-t-on unanimement.

Mais il répéta :

— J'vous dis que j'peux pas.

On pensa qu'il s'excusait par galanterie, et plusieurs s'exclamèrent, presque avec des larmes d'attendrissement :

— Il a rien du cœur avec les femmes !

La même voix de tout à l'heure (la voix d'une débrouillarde) reprit :

— Faut le tirer au sort.

Le même chœur unanime répondit :

— Ça y est.

Et le silence religieux se rétablit à nouveau, plus religieux encore, accru d'angoisses, un silence à entendre battre tous les cœurs.

Le chanteur en profita pour déclarer lentement :

— Ça non plus, j'peux pas. Ni toutes à la fois, ni l'une après l'autre, ni l'une ni l'autre ! J'vous dis que j'peux pas.

— Pourquoi ? Pourquoi ?

Et les voix, à présent, glapissaient, colères tout ensemble et désolées. Des joues avaient passé de l'écarlate au livide. Des yeux fulguraient. Quelques poings étaient brandis, menaçants.

— Silence ! hurla celle qui avait parlé la première. Taisez-vous donc, tas de salopes ! Qu'il s'explique ! Qu'il dise pourquoi !

— Oui, oui, taisons-nous ! Qu'il s'explique, nom de Dieu !

Alors, dans le silence devenu farouche, le chanteur articula, en ouvrant ses bras tout grands par un geste d'impuissance désespérée :

— Qué qu'vous voulez ? C'est embêtant ; mais j'aime pas ça. J'suis comm' vous. J'aime que mon p'tit homme.

Et c'était dit d'un accent si convaincu, et l'on sentait si bien qu'il aimait à sa façon, et passionnément, et follement, que toutes ces passionnées, toutes ces folles, n'eurent pas le cœur de lui en vouloir, et que plusieurs murmurèrent en sanglotant :

— Pauvre amour, va !

# L'OPINION DE JULOT

# L'OPINION DE JULOT

Très infatuée de sa petite personne artistique, sans doute extrêmement infatuée, la duchesse Huguette de Lionzac ! Mais, en vérité, n'y a-t-elle pas tous les droits, et qui donc, à sa place, ne se monterait un brin le bourrichon ? Il n'est pas un genre de succès qu'elle n'ait désiré et obtenu.

Elle a été médaillée au Salon comme statuaire et l'on a vu d'elle, à l'*Exposition des Outranciers*, une aquarelle au mouchetis qui a paru excentrique même parmi ces excentriques.

Elle a publié un recueil de poèmes qui a été couronné par l'Académie et une plaquette de *Proses rythmiques*, dont la *Revue de demain* a écrit textuellement que c'était « du Mallarmé en plus subtile et évanescente fragrance de fugace en-aller emmi les ailleurs ».

Quand elle joue une saynète, les uns s'écrient :

— C'est mieux qu'à la Comédie-Française !

D'autres, plus raffinés, vont jusqu'à cet éloge suprême :

— Mieux qu'au Théâtre-Libre !

Un moment, le bruit a couru, propagé par les journaux, qu'elle allait débuter à l'Opéra-Comique, dans un rôle composé tout exprès pour sa voix extraordinaire. Massenet, paraît-il, ne voulait pas entendre parler d'une autre interprète !

L'écuyère miss Edith, qui donna l'an dernier au Cirque cette unique et inoubliable séance de haute-école, c'était elle, sous un nom de guerre. Et vous vous rappelez quels bravos, quelle jonchée de fleurs sur la piste ! Et, ne l'oubliez pas, *devant du public payant !*

Enfin, il est de notoriété qu'elle a enlevé plusieurs amants à des courtisanes en renom, et ce n'est pas là un de ses moindres triomphes; car elle a justement choisi pour rivales de ces femmes terribles et jusqu'alors invaincues, dont on dit avec mystère :

— Oh ! celle-là, lorsqu'elle tient un homme, elle ne le lâche plus. Elle a des secrets qui attachent.

Rien de surprenant, donc, à ce que la duchesse Huguette soit si orgueilleuse de tant de victoires, et dans des sports si différents.

Or, voici qu'aujourd'hui, pour la première fois, un doute est entré dans l'âme de la duchesse. Elle vient de lire, en feuilletant les *Notules psychologiques* de son romancier préféré, ces deux phrases troublantes :

*Pour être virtuose dans un art, il faut en avoir fait son gagne-pain, comme d'une femme pour être sûr qu'elle vous aime.*

*Ce qui plaît dans une mondaine qui se débauche, c'est le contraste entre ce qu'elle est et ce qu'elle voudrait être.*

Et la duchesse Huguette se demande si elle aurait pu réellement vivre des arts où elle excelle, et si les succès qu'elle y a remportés ne tiennent pas surtout à son charme de mondaine voulant être ce qu'elle n'est point. Ce dernier *si*, en particulier, la rend anxieuse. Car ce charme spécial, n'est-ce pas là précisément ce qui lui a donné barre sur les courtisanes à secrets? Privée de cette arme, eût-elle été victorieuse? Comment le savoir?

— Et pourtant, pense-t-elle, il est nécessaire que je le sache. De ce point dépend tout le reste. Que j'aie pu gagner cette partie-là sans cette carte biseautée, et me voilà certaine de tous mes autres triomphes. J'en aurai donc le cœur net, coûte que coûte.

Elle consulta là-dessus son vieux parrain, le vicomte Hugues de Pierras, qui, après quelques galanteries complimenteuses, supplié d'être sincère jusqu'à la brutalité, finit par lui dire:

— Mon Dieu! ma chère enfant, je suis bien forcé d'en convenir, votre psychologue n'a pas tout à fait tort, et vos appréhensions non plus. Il m'est arrivé, à moi aussi, de quitter des maîtresses fort savantes pour des mondaines qui ne l'étaient guère et qui m'en plaisaient d'autant plus. Cela n'empêchait pas que les maîtresses sacrifiées ne fussent, en effet, d'incomparables virtuoses, malgré leur défaite. Mais qu'importe? Vaincre doit vous suffire, sans chicaner sur les moyens. Vous n'avez pas, je pense, la prétention d'être une virtuose en...

— En tout, si, pardonnez-moi, parrain. En tout ! J'ai cette prétention. Et ce que je vous demande, c'est le moyen d'avoir la preuve absolue que cette prétention est justifiée.

— Hum ! hum ! fit le vicomte avec embarras. Je ne vois guère de moyen, ma chère enfant. A moins de constituer un jury !...

— Ne plaisantez pas, s'écria Huguette. Je suis très sérieuse.

— Mais je suis très sérieux aussi, voyons. Il me semble qu'un jury...

— Composé de qui ? D'hommes du monde, n'est-ce pas ? De gens pour qui je serai toujours la femme offrant ce contraste entre ce que je suis et ce que je veux être ! C'est absurde. Nous tournons dans un cercle vicieux. Je vous croyais de meilleur conseil, mon parrain.

Piqué au jeu, le vieux vicomte fronça le sourcil, se mordit la moustache, chercha de son mieux, murmura entre ses dents :

— Diable ! diable ! Je ne peux pourtant pas vous proposer...

— Proposez tout ce que vous voudrez,

interrompit la duchesse. Vous avez quelque chose dans l'idée, je le vois bien. Pourquoi hésitez-vous? Vite, vite, votre moyen! Je l'exige. Soyez mignon, parrain.

Comme elle le câlinait, il laissa échapper :

— Eh bien! oui, oui, puisqu'il le faut, je vais vous le dire. Il y a, en effet, un homme qui pourrait vous donner cette certitude, un juge compétent, impartial. Seulement, voilà, cet homme, c'est Julot.

— Comment dites-vous?

— Julot, plus connu sous le nom de Fine-Gueule.

— Et qu'est-ce qu'il fait, ce Julot?

— Ah! duchesse, duchesse, vous m'obligez à vous parler de gens et de choses qui, vraiment...

— Oui, je vous oblige, c'est entendu. Mais parlez! Crûment, si c'est nécessaire. Je ne déteste pas ça, vous savez bien. Parlez donc! Ne me laissez pas languir ainsi. Je suis sur le gril. Qu'est-ce qu'il fait, Julot?

— Allons, petite volontaire, vous y tenez; je m'exécute. Julot, dit Fine-Gueule, est essayeur de femmes.

— Plaît-il?

— Je vais vous expliquer. Nous sommes à Paris quelques vieux amateurs qui n'avons plus l'âge et la patience de chercher les truffes, et qui les voulons de tel ou tel fumet, très exactement à notre goût, à la nuance de notre goût. Or Julot connaît ces goûts, ces nuances, et c'est lui qui se charge...

— Parfait, parfait! Je comprends.

— Ah! vous n'êtes pas scandalisée?

— Pour qui donc me prenez-vous, parrain? Moi! Mais je trouve votre procédé très ingénieux. Et votre idée à mon égard, simplement admirable. Envoyez-le-moi ce soir, tout de suite, votre Julot.

— Mais vous ne savez pas à quoi...

— Si, si, parrain, je sais à quoi je m'expose. Je sais très bien à quoi. Et cela seul déjà doit vous prouver que ma prétention n'est pas si prétentieuse que vous voulez le dire. Oui, oui, je sais à quoi. Et je n'ai pas peur, vous voyez. Au contraire!

La duchesse était ravie, battait des mains, semblait grise.

— Oh! ce n'est pas de curiosité, fit-elle. N'en croyez rien! C'est d'orgueil, uniquement d'orgueil, à la pensée d'une telle épreuve, dont je sortirai victorieuse, j'en réponds. Et je la veux sincère, vous entendez, parrain, absolument sincère.

— Soyez sans crainte, mon enfant, répliqua-t-il. Tout se passera honnêtement. Julot est un prodige de conscience. Il m'envoie le résultat de ses essayages par lettre, circonstanciée quand il y a lieu. Or, sa lettre, cette fois-ci, je la décachetterai devant vous.

— A la bonne heure! Vous êtes un parrain délicieux.

Le soir même, la duchesse se rendait, en petite toilette très simple, dans une chambre meublée où l'attendait Julot. Il avait été convenu, en effet, entre elle et son parrain, pour assurer toute sincérité à la chose, que Julot ignorerait à qui il avait affaire.

Toute brave qu'elle fût, Huguette sentit un peu son cœur battre quand, après avoir frappé à la porte de la chambre, elle entendit une voix grasse et impérieuse lui répondre :

— Entrez !

A cette voix, et selon les imaginations qu'elle se faisait depuis la veille, elle s'attendait à trouver quelque sinistre voyou de barrière. Cela lui donnait une espèce d'épouvante qui n'était pas sans charme. Aussi fut-elle très étonnée, la porte ouverte, de voir un jeune homme fort correctement vêtu, dénué d'accroche-cœurs, le cheveu court, la moustache et les favoris taillés à la russe, une mine froide de boursier.

— Pardon, fit-elle, c'est bien à monsieur Julot que j'ai l'honneur...

— A lui-même, répondit-il en jetant sa cigarette.

Puis d'un ton inquisiteur, familier en même temps :

— Tiens ! c'est curieux, je ne te connais pas. Tu ne viens pas de province pourtant. Tu es de Paris. Où as-tu déjà travaillé ?

Crânement, elle répliqua :

— Qu'est-ce que ça te fait ? Il ne s'agit pas de dire où j'ai appris. Il s'agit de prouver ce que je sais.

Il cligna de l'œil, retint un petit sourire, et dit :

— Fichtre !

Après quoi, sans autre préambule, commençant à se dévêtir, il ajouta :

— Eh bien ! ma petite, allons-y !

Et ils y allèrent.

Quand, le lendemain, le vicomte pénétra dans le boudoir de la duchesse, elle lui sauta au cou comme une folle et s'écria :

— Parrain, parrain, vous voyez la plus heureuse des femmes! Enfin, je suis sûre de ce que je vaux. Quel triomphe, si vous saviez! Et cependant, quel juge! Oh! d'une sévérité! Tenez, ne me regardez pas ainsi dans le blanc des yeux, vous me faites rougir. Mais aussi, le témoignage qu'il m'a rendu, ah! parrain! Un témoignage tel que, séance tenante, pour l'en récompenser, votre Julot, je lui ai mis dans la main cinquante louis.

— Hum! hum! grommela le vicomte. Etes-vous bien sûre de ne pas les lui avoir promis d'avance?

— Quoi! vous me croyez capable?...

— D'une tricherie consciente, non, non, ma chère enfant. Vous avez été loyale, je n'en doute pas. Mais vos yeux, vos manières, votre parler, ne vous ont-ils pas trahie à votre insu? En un mot, n'avez-vous pas laissé deviner que vous étiez une femme du monde, ce qui aurait peut-être induit Julot à vous flatter dans l'espérance d'un pourboire?

— Mais vous m'avez affirmé qu'il était si consciencieux !

— Avec moi, oui.

— Décachetez donc sa lettre, si vous l'avez reçue.

— C'est ce que nous allons faire. La voici ! Mais auparavant, Huguette, dites-moi quel témoignage il vous a rendu, qui vous fait cette mine radieuse.

— Inutile ! A quoi bon vous révéler ce que sa lettre va vous apprendre ? Pas dans les mêmes termes, probablement, mais enfin !

— C'est justement les termes dont il s'est servi avec vous, Huguette, que je voudrais bien entendre. Ses lettres sont toujours brèves, sèches, vraies lettres d'affaires. Tandis que, si vraiment vous l'avez satisfait, si vous avez triomphé comme vous le dites, il a dû vous exprimer cela d'une façon...

— Oh ! sublime, en vérité, sublime !

La duchesse avait des yeux extasiés.

— Voyons, fit le vicomte, vous ne voulez pas, pour ma peine, me donner un peu part à votre joie, en me répétant...?

— Eh bien ! si, si, parrain, je le veux.

Vous avez été trop gentil pour moi ! Je serais une ingrate, en effet, de ne pas... Mais ; ce n'est guère commode à répéter, allez ! Enfin, puisque c'est vous qui m'y forcez, voici. Il m'a dit que... il m'a dit... Ah ! tant pis, ma foi ! Il m'a dit qu'il n'avait jamais trouvé une putain plus putain que moi.

— Mâtin ! s'écria le vicomte, Julot vous a parlé ainsi ! Tous mes compliments, alors. C'est une consécration.

— Et voici mon brevet, fit-elle en décachetant la lettre.

Mais soudain, comme elle lisait, elle pâlit, chancela, puis elle éclata en sanglots, prise d'une effroyable crise de nerfs. Tout en la soignant, le vicomte lut à son tour, à la dérobée, ces lignes :

« Particulière assez bien douée. Impro-
« vise. Manque de race. Talent d'amateur.
« — *Julot.* »

GENTLEMAN

# GENTLEMAN

— Non, très honorable monsieur, non, ne hochez pas la tête ainsi, ne haussez pas les épaules d'un air méprisant, n'ayez pas dans le regard cette indulgente pitié qu'on a pour un malheureux perdu de boisson. Considérez que je parle, beaucoup, c'est vrai, mais avec une remarquable facilité et non sans éloquence, j'ose le dire; et avouez, je vous prie, qu'un homme intoxiqué n'aurait pas la limpidité, la tenue, la logique, surtout l'élégance, qui brillent dans mon discours et, j'ose encore dire cela, dans mon humble individu lui-même. En vérité, monsieur, ai-je donc l'apparence d'un vil ivrogne? Et ne ressemblé-je pas bien plutôt à ce que je suis réellement, un parfait gentleman qui discute en toute loyauté et en toute correction avec un autre gentleman non moins parfait?

Certes, oui, le speech de mon interlocuteur, dont je traduis de mon mieux l'anglais très léché, était d'un gentleman. Et même d'un clergyman, tant il fluait, abondant, onctueux, oratoire, monotone! Quant à la tenue et surtout à l'élégance qu'il déclarait briller dans son *humble individu lui-même*, c'était une autre affaire. Si cette tenue et cette élégance décelaient, à son avis, un parfait gentleman, j'en devais alors conclure que la *fashion* londonienne consistait, pour le moment, à porter un haut-de-forme en accordéon, à n'avoir point de chemise sous une redingote boutonnée avec des ficelles, à trouer exprès son pantalon aux genoux pour exhiber des rotules crasseuses, et à se ripatonner de bottes crevées laissant librement prendre l'air à des orteils sans chaussettes.

Toutefois, l'habit ne faisant pas le moine, mon gentleman pouvait être un gentleman dans la débine, et je me plaisais à croire que, par son *humble individu lui-même*, il voulait entendre simplement son individu moral. A cet égard, en effet, il ne semblait pas se flatter outre mesure, et ses manières dénotaient bien réellement une politesse et une distinction indéniables.

Cela, d'ailleurs, ne l'empêchait pas, quoiqu'il affirmât le contraire, et quoiqu'il parlât très posément, d'être absolument soûl.

Parbleu! je n'ignore pas jusqu'à quel degré mirifique un Anglais peut pousser l'ingurgitation du brandy; mais je sais, d'autre part, que cette ingurgitation, pour ne pas arriver à l'intoxication, a besoin de cette condition : un silence de poisson. L'Anglais n'est un grand buveur que parce qu'il est un buveur muet. Or celui-ci, depuis une heure au moins, ne débuvait pas et ne déparlait pas.

Je dois confesser qu'il ne s'empourprait pas non plus, ce qui semblerait donner gain de cause à sa prétention de n'être pas soûl. Mais il y a encore une chose que je sais, et dont il me donnait en ce moment un témoignage irréfutable : c'est que les plus terribles ivrognes, les ivrognes d'alcool, et en particulier les Anglais inféodés au brandy, ne se soûlent pas à rouge, comme les ivrognes de vin, et s'intoxiquent à blanc. Leur nez seul rougit, ou plutôt bleuit, tant ce rouge est intense, foncé, épais. Or mon Anglais maintenant était pâle, atrocement pâle, d'une pâleur de mort, et le bout de son nez était violet jusqu'au noir. Sa face avait l'air d'une grande lune blafarde au centre de laquelle il y aurait eu une toute petite lune d'encre.

Et puis, enfin, la preuve qu'il était soûl, absolument soûl, soûl perdu, c'est qu'il avait renoncé depuis longtemps à boire devant le *bar*, en toute *respectability*, et qu'il s'était affalé le long du mur, sur le banc où gisaient déjà deux hommes et trois femmes assommés par l'ivresse-morte.

Mais ivre-mort, cependant, il ne l'était pas, puisqu'il continuait à donner signe de vie, et d'une vie très active, en tétant son verre de temps à autre, aux rares moments où il s'interrompait de parler, et surtout, surtout, en parlant, parlant sans cesse, toujours avec la même facilité, la même limpidité, la même tenue logique, la même inaltérable élégance d'élocution qu'il se flattait à juste titre de mettre dans son discours.

— Ne croyez pas non plus, disait-il en cet instant, ne croyez pas, très honorable monsieur, que je soutiens cette thèse par amour-propre national. La politesse d'abord, me le défendrait, puisque vous êtes Français, à Londres, par conséquent chez moi et mon hôte, mon suave hôte. En outre, contrairement à la plupart de mes compatriotes, et je pense même être le seul dans ce cas, je n'ai pas l'insulaire orgueil d'affirmer à priori que le peuple anglais est supérieur aux autres peuples en tous les genres. Je proclame, par exemple, et loyalement, que la vieille Angleterre doit baisser pavillon en diverses choses, telles que la musique, la cuisine, l'art capillaire, la danse même, exception faite pour la gigue. Je suis prêt à faire plus de concessions encore, toutes les concessions qu'il vous plaira, pour vous prouver jusqu'où va l'urbanité de ma discussion. Mais sur le point en litige, très honorable monsieur, sur ce point unique, mon amour de la vérité m'oblige à ne pas reculer d'un pouce, d'une ligne, et à maintenir haut et ferme, contre vents et marée, contre toute politesse et contre toute gratitude envers vous, oui, même contre toute gratitude envers vous qui depuis si longtemps m'abreuvez généreusement de délicieux brandy, à maintenir, dis-je, haut et ferme, l'étendard de cette supériorité qui est la grande et immarcessible gloire de ma chère patrie. En face de notre Seigneur Dieu en personne, très honorable monsieur, oui, en face de ce tout-parfait gentleman encore plus gentleman que moi et que vous, si c'est possible, je soutiendrais encore que le roi des *pick-pockets*, c'est le *pick-pocket* anglais.

Il est à noter que je ne disais pas non, que j'avais simplement, tout à l'heure, émis là-dessus un pauvre « Oh ! » dubitatif, et que, depuis, je faisais tous mes efforts pour paraître convaincu et ne pas contrarier cet exquis pochard. Mais il faut croire qu'il ne me jugeait pas suffisamment conquis à son opinion, car il reprit :

— Ne me dites pas, très honorable monsieur, que vous vous rendez à mes arguments. Je vois que vous me le diriez par politesse, pas davantage, pour faire assaut de galanterie avec moi, ou bien par pitié à l'égard d'un pauvre homme que son âge seul, croyez-le, son âge et le poids de sa pensée, ont forcé à s'asseoir sur cet infâme banc, pêle-mêle avec de vils ivrognes. Ne vous avouez pas vaincu, je vous prie, tant que vous ne l'êtes pas en réalité, au fin fond de votre conscience, de votre digne et impartiale conscience. Laissez-moi vous fournir encore quelques preuves, ou du moins une seule preuve, après laquelle vous devrez confesser votre défaite, non pas par amabilité, cette fois, mais en toute sincérité et toute loyauté. Avez-vous un bout de papier et un crayon?

Je fouillai dans ma poche et lui tendis ce qu'il demandait. Il se mit à griffonner quelques lignes, s'interrompant pour me dire :

— Remarquez bien, très honorable monsieur, que je suis âgé, véritablement accablé par l'âge, puisque c'est lui qui m'inflige la honte de siéger sur ce banc réservé aux ivrognes ivres-morts. Vous, au contraire, vous êtes jeune, dans tout l'éclat de votre force et jouissant de tous vos moyens.

Il accentua particulièrement ce mot de *moyens*, en clignant de l'œil d'une façon familière et malicieuse, d'une façon qui jurait avec sa correction de tout à l'heure. Ce clin d'œil subit, après tant de politesse, ce clin d'œil gouailleur et (ma foi! c'est le mot !) voyou, faisait l'effet d'un terme d'argot dans un sermon.

— Remarquez aussi, continua-t-il, remarquez bien, très honorable monsieur, que mes misérables mains tremblent affreusement, au point que je puis à peine tracer ces lignes. Remarquez loyalement combien elles tremblent, mes tristes vieilles mains, sans doute à cause de la singulière émotion dont je suis agité. Une profonde émotion, en vérité, profonde et poignante, très honorable monsieur, oui, absolument poignante. L'émotion d'un duel, pour tout dire. Et quel duel ! Entre quel lamentable champion et quel puissant athlète ! Car, je ne me le dissimule pas, et c'est en vain que vous me le dissimulez, vous êtes un professionnel, n'est-ce pas ?

— Un professionnel ? demandai-je, fort étonné. Un professionnel quoi ?

— Chut ! fit-il, le doigt sur les lèvres. Mettons que je n'ai rien dit. Vous voulez entrer en champ clos avec la visière baissée ? Libre à vous, noble chevalier, dont la fière devise et les exploits se lisent néanmoins dans votre regard, à travers les trous du masque. Libre à vous, encore une fois ! Le tournoi n'en sera que plus difficile pour l'humble tenant que je suis, remarquez aussi cela, très honorable monsieur, et la victoire n'en sera que plus triomphale pour la cause que je représente.

Brusquement, assommé à son tour par l'alcool contre lequel il avait résisté si longtemps, le bonhomme laissa choir son menton sur sa poitrine, s'affaissa de plus en plus, à croire qu'il allait entrer dans le banc et se fondre avec le mur. Je me précipitai vers lui pour le soutenir. Il dormait profondément.

Je tirai mon porte-monnaie, payai nos consommations et partis. Que pouvais-je faire, sinon ce que je fis de très bon cœur, le caler dans son coin et lui glisser un shilling dans la poche de sa redingote, pour qu'à son réveil du paradis il ne se retrouvât pas dans un trop noir enfer?

Le lendemain, à mon déjeuner, comme j'ouvrais mon porte-monnaie afin de solder mon addition, je fus surpris de voir, dans la pochette du milieu, close par un petit fermoir, un papier plié que je n'y avais point mis.

Et ma surprise devint de la stupéfaction

et de l'admiration, quand, ayant déplié ce billet, j'y lus, d'une écriture tremblée, les lignes suivantes :

« Avouez, très honorable monsieur et « cher confrère (car j'ai deviné que vous « étiez ici en expédition), avouez que le roi « des *pick-pockets*, c'est bien le *pick-pocket* « anglais ! Daignez l'avouer, très honorable « monsieur. »

# LE MODÈLE

# LE MODÈLE

---

C'est d'un air absolument indifférent à ce qu'il entendait, sans s'arrêter de peindre, la palette au pouce, la pipe au bec, absorbé dans son travail, que le peintre Brédisse avait écouté la longue requête du vieillard. A peine un regard de côté, furtif mais décisif, pour *piger* d'un coup la *bille* du bonhomme, et il s'était réappliqué, l'œil riant de sa jolie besogne, à poser vite sur sa toile, toc, toc, toc, les touches légères et claires qui en faisaient comme une chatoyante mosaïque de papillons.

Il était même si peu attentif au discours du malheureux, qu'à deux reprises il lui avait coupé la parole pour dire à son camarade d'atelier :

— Regarde donc, Pivrat, je crois que ça chante, hein ?

A quoi Pivrat avait répondu admirativement, la première fois par un énergique « *mince, alors* » et la seconde fois en faisant claquer sa langue contre son palais et en ajoutant, après avoir ravalé sa salive avec une aspiration de pompe sifflante :

— Si ça chante ? Tu peux dire que ça gueule, mon vieux. Épatant de dissonance ! D'une harmonie qui grince ! Oh ! ce qu'elle grince bien, nom de nom ! Bouguéreau en pisserait des couteaux à palette.

Et tous deux étaient restés un moment en extase, la face illuminée, devant le tableau de Brédisse, dont les papillons multicolores leur semblaient palpiter et agoniser dans un tourbillonnant chahut d'arç-en-ciel. Puis Brédisse avait recommencé à faire envoler, du bout de sa brosse, de nouveaux papillons, qu'il posait sur la toile, par touches légères et claires, fiévreusement, nerveusement, vite, toc, toc, toc.

Et cependant le vieillard avait continué d'une voix lente, dolente, somnolente et grommelante, sa lamentable requête inécoutée, pauvre oraison marmonnée sans souffle dans sa grande barbe, et comme assourdie, perdue, parmi ces broussailles de filasse où la moitié des mots s'étouffaient.

Il disait, avec d'interminables ressassements, avec les gestes en retard d'un homme assoupi qui se parle à lui-même, et aussi avec l'intonation triste d'un qui se sent parler dans le vide, il disait avoir été modèle autrefois, il y a longtemps, quand c'était le bon temps; modèle d'histoire et de sainteté; modèle apprécié des plus célèbres maîtres; à preuve qu'il avait posé ceci et cela qui était au Luxembourg, paraît-il; modèle pour l'ensemble avant son accident; oui, un omnibus qui l'avait renversé un soir qu'il était soûl (dame, ce n'est pas un crime de boire un verre, n'est-ce pas?); que, tout de même, à cause qu'il était soûl, il n'avait pas eu d'indemnité; alors, comme il était resté bosco et la quille droite cassée en deux endroits, bonsoir l'ensemble; mais, pour les têtes d'expression, qu'il n'en craignait pas un; ainsi, pour les Saint Jérôme, à lui le pompon!

Il entremêlait cela d'une autre histoire, plus obscure : comme quoi il avait eu une fille, qui avait mal tourné, et qui néanmoins s'était bien conduite avec lui, jusqu'à lui acheter un fonds de marchand de vins ; mais qu'il y avait fait de mauvaises affaires ; et, le pire, c'est qu'il avait renoncé à poser pour s'établir ; d'où, perte de sa clientèle quand il s'était remis à être modèle. Cela, d'ailleurs, après son accident ! Ce qui n'empêchait pas que, pour les Saint Jérôme, par exemple, il leur faisait le poil à tous, ah ! mais oui !

Il disait aussi avoir la tradition, la vraie, celle de l'École des Beaux-Arts quand c'était le bon temps, comme on pouvait s'en assurer dans les tableaux des maîtres qui étaient maintenant au Luxembourg, paraît-il ; et qu'il avait non seulement la ligne, mais encore la couleur, pour ce qui est de l'histoire et de la sainteté ; et que de cela il pouvait se vanter sans *avoir l'air de tâcher moyen de vouloir en faire accroire aux gens;* car il avait pour lui justement le témoignage des maîtres, *dont auxquels* il avait entendu répéter plus d'une fois, pendant qu'il posait :

— Quel ton, hein? La vraie nature! Du pur jus de bitume!

Et ces maîtres-là n'étaient pas de la gnognotte, bien sûr! Des membres de l'Institut, qu'on appelle! Des artistes décorés et dont les tableaux sont dans les musées et les églises, et même au Luxembourg, paraît-il. Ainsi!

Il disait encore, pêle-mêle avec ses glorieux souvenirs de jadis, et du même accent monotone et traînard, sans une plainte plus aiguë pouvant accrocher l'attention par la pitié, il disait être âgé de quatre-vingt-deux ans, et avoir chez lui, dans un misérable garno du quartier des Épinettes, deux petits enfants que la fille de sa fille lui avait laissés en mourant, et qui chiffertonnaient avec une famille de biffins voilà huit jours, et dont l'un à présent était à court d'ouvrage et l'autre malade; et il ajoutait que c'était pour eux surtout qu'il voulait en retrouver, lui, de l'ouvrage; et qu'alors il avait pensé à reprendre son métier d'autrefois; et qu'il ne l'avait pas oublié, depuis quinze ans employés à faire le mendigot; parce que, quand on a eu la tradition, la vraie, celle du bon temps, ça ne se perd pas plus que le goût du pain ; et qu'au contraire, tant plus il était vieux à c't'heure, tant mieux il avait de quoi pour ce qui est de l'histoire et de la sainteté, pour un Saint Jérôme, par hasard, un Saint Jérôme dans le ton, ainsi que parlaient les maîtres, un Saint Jérôme nature, pur jus de bitume.

Et il disait, toujours en embrouillant sa misère, et sa fille, et son établissement de marchand de vins, et son accident, et ses succès passés (à preuve le Luxembourg), et toujours du même accent monotone et traînard, sans une plainte plus aiguë pouvant accrocher l'attention par la pitié, toujours de la même voix lente, dolente, somnolente et grommelante, toujours en marmonnant dans sa grande barbe où la moitié des mots s'étouffaient parmi ces broussailles de filasse, il disait être en quête depuis le matin, et n'avoir rien mangé de la journée, et n'avoir rien mangé la veille non plus, et être entré dans trente, quarante, cinquante ateliers, une ribambelle d'ateliers, pendant ces deux jours, et que nulle part on n'avait voulu de lui, ni à Montmartre, ni à Montparnasse, et que, si on le renvoyait maintenant d'ici sans le faire travailler, il était à bout de force et n'aurait qu'à crever devant la porte, tandis que ses petits crèveraient aussi là-bas, eux, les pauvres chérubins.

Mais il aurait pu en dire longtemps, et longtemps encore! Les deux peintres n'entendaient rien et ne prenaient même plus garde à sa présence. Brédisse, plus fiévreusement que jamais, faisait neiger sur sa toile, en neige teintée de toutes les nuances du prisme, d'innombrables papillons multicolores, par touches légères et claires, posées vite, vite, toc, toc, toc. Quant à Pivrat, il ne revenait point de son extase, s'y abîmait comme un fakir, contemplait en bavant le gai tableau, pareil à un tourbillonnant chahut d'arc-en-ciel, et ne reprenait conscience, de temps en temps, que pour ravaler sa salive avec une aspiration de pompe sifflante, et pour sourire silencieusement et délicieusement à la pensée de Bouguéreau pissant des couteaux à palette.

Brusquement, le vieillard se tut. Ce silence, après ce long ronronnement, réveilla les deux peintres, l'un de son rêve en action, l'autre de son hypnotisme. En même temps, les vagues paroles entendues sans qu'ils les eussent écoutées, ces paroles que leurs cerveaux avaient perçues et emmagasinées à leur insu, tout à coup ils en comprirent un peu le sens, par quelques lambeaux réapparus à leurs mémoires. Mais, fatalement, ce qui s'était le mieux imprimé en eux, c'est ce que le vieillard avait répété avec le plus d'insistance : la tradition du bon temps, les maîtres d'autrefois, le Luxembourg, le fameux Saint Jérôme, nature, pur jus de bitume.

Et Brédisse éclata de rire au nez du pauvre homme ; puis, lui montrant sa palette joyeuse, il s'écria :

— Mais regarde-moi donc ça, vieux pompier ! Est-ce que je peins avec du cirage, moi ?

Et Pivrat, furieux d'avoir été arraché à son extase, se mit à hurler :

— Va donc, gueule à Institut, Saint Jérôme à la chique, tête d'expression, des modèles comme toi, n'en faut plus !

Et il ajouta férocement, comme s'il crachait son mépris et sa haine à Bouguéreau en personne :

— T'es plus bon qu'à poser les morts.

Le vieillard leva les bras au ciel, dans un

grand geste de désespoir. Quelques mots inarticulés essayèrent de se frayer passage à travers les broussailles de sa barbe, dont les flocons de filasse tremblotèrent comme de l'écume sous une haleine. De sse yeux mornes, sur ses joues dont le bitume pâlit et tourna au jaune de vieil ivoire, deux grosses larmes roulèrent. Puis, dans ces mornes yeux, une lueur passa, un regard qui voulait parler et exprimer ce que la parole ne pouvait plus dire. Et ce regard disait :

— Oui, oui, pour gagner encore un morceau de pain à mes petits, oui, poser les morts, je veux bien.

Et le vieux se laissa choir tout doucement, avec une si grande douceur, presque souriante, que les deux peintres ne comprirent pas à quel tragique dénouement ils assistaient. Ils s'imaginèrent que le bonhomme se moquait d'eux.

— Tiens, fit Brédisse, elle est drôle, celle-là ! Il t'en colle une bonne, le vieux pénard. Vl'à qu'il prend la pose.

— C'est, ma foi, vrai, répondit Pivrat : et la pose classique, qui plus est ! Ah ! mais non ; pas de ça, Lisette ! C'est vieux jeu.

Et, se prêtant à la farce que lui faisait, croyait-il, le modèle, il vint gaiement pousser du pied, pour la ramener en avant, la tête qui s'était renversée en arrière, et dont la bouche grande ouverte faisait gouffre dans les broussailles de la barbe.

Il s'aperçut seulement alors que, si le pauvre homme était un mort *vieux jeu*, il était mort tout de même.

# CH'TIOTE

# CH'TIOTE

---

Cela ne m'amusait guère, de visiter cet asile de vieillards infirmes, obligé que j'étais d'en passer comme l'inspection officielle, à la remorque d'un administrateur verbeux et statisticien. Mais quoi? Le petit-fils de la fondatrice nous accompagnait, ostensiblement flatté de cette minutieuse exhibition. Un homme si charmant, propriétaire d'une si belle forêt où il m'avait permis de chasser! Comment ne pas avoir l'air de m'intéresser à l'œuvre philanthropique de son aïeule? C'est donc le sourire aux lèvres que je subissais les interminables conférences de l'administrateur, en les ponctuant par-ci par-là, le plus à propos que je pouvais, d'un :

— Ah! vraiment!... Très, très curieux, en effet!... Je n'aurais jamais cru!...

J'ignorais absolument, d'ailleurs, à quoi je répondais de la sorte; car ma pensée somnolait, tout engourdie, au ronronnement de notre loquace cicérone. J'avais seulement conscience (et encore bien vague) que sans doute êtres et choses m'eussent paru dignes d'attention si je m'étais trouvé là seul et en flâneur.

Par exemple, dans ce cas, je n'eusse pas manqué de demander, et depuis longtemps :

— Mais enfin qui est-ce, cette Ch'tiote dont le nom revient si obstinément dans les histoires de tant de pensionnaires?

En voilà bien une douzaine, en effet, hommes et femmes, qui nous en parlaient, de cette Ch'tiote. Tantôt, c'était pour s'en plaindre, et tantôt pour la bénir. Des mécontents, des mécontentes surtout, sans attendre qu'on les interrogeât, en apercevant l'administrateur, se mettaient à crier :

— M'sieu, Ch'tiote m'a encore...

— Assez, assez! pas de réclamations en ce moment, interrompait l'administrateur, dont la voix si melliflue devenait alors très aigre.

D'autres fois, avec sa douce flûte ronronnante, il questionnait amicalement des vieux à visage béat, leur susurrant :

— Eh bien ! mon ami, voyons, vous vous trouvez heureux à la maison, hein ?

A quoi plusieurs avaient répondu par des effusions en actions de grâces, où se mêlait le nom de Ch'tiote. A les entendre ainsi parler, l'administrateur prenait, lui aussi, un air d'extase ; et les regards au ciel, les mains élevées en posture d'oraison jaculatoire, il disait avec un lent hochement de tête :

— Précieuse, Ch'tiote, bien précieuse.

Oui, évidemment, cela m'eût intéressé, de savoir qui était cette créature. Mais pas dans les circonstances présentes, pas à travers les explications de ce bavard, que je prévoyais filandreuses. Rien qu'à l'idée des tartines qu'il faudrait avaler pour être renseigné à cet égard, le cœur me défaillait d'avance et j'aimais mieux rester à tout jamais ignorant de ce qu'était Ch'tiote.

Aussi bien, sans troubler ma somnolence, assez agréable en somme, ne pouvais-je pas l'imaginer, Ch'tiote ? Certes, certes. Quelque fillette, probablement, puisque son nom en patois picard signifiait *cette petite*. Une gamine, donc, l'enfant d'un employé, sans doute, une espiègle dont les turbulences taquinaient beaucoup de ces vieilles gens, mais dont la jeunesse rallumait dans le cœur des autres un doux souvenir de gaieté. Je me la figurais comme une fleur poussée en un coin de ces tristes cours, comme un rais de soleil dansant dans l'ombre sépulcrale de ces sinistres couloirs.

Je me la figurais si bien, que je n'éprouvais même pas le besoin de la connaître. Néanmoins, elle m'était chère, à cause de l'expression heureuse qu'avaient en parlant d'elle ceux qui la bénissaient. Et j'en voulais aux grincheux, particulièrement aux vieilles, qui récriminaient contre elle. Une seule chose m'agaçait, vraiment, c'est que l'administrateur fût parmi ceux qu'elle jetait en extase. De là aussi, sans raison plus nette, ma tenace répugnance à interroger cet homme sur elle.

Tout cela, au reste, se passait en moi assez confusément, sans que je prisse la peine de bien fixer ni formuler mes idées et mes sensations; car je continuais à somnoler et à rêvasser plutôt que je ne pensais effectivement. Et il est fort probable que, ma visite une fois terminée, je n'en aurais conservé aucun souvenir, non pas même relatif à Ch'tiote, si je n'avais été tout à coup réveillé par la vue de Ch'tiote en personne, et bouleversé par la différence qu'il y avait entre mes imaginations et la réalité.

Nous venions de traverser une petite cour de derrière et nous entrions dans un très obscur corridor, lorsque, tout au bout de ce corridor, s'ouvrit vivement une porte, d'où jaillit une furtive apparition, aussitôt disparue par une autre porte. Dans la nappe de jour cataractant à ce brusque passage, s'était modelée en vigoureux reliefs, crûment lumineuse sur le fond noir, une forme féminine. Et, au même instant, l'administrateur s'était écrié, d'un ton furieux :

— Ch'tiote ! Ch'tiote !

Machinalement, il avait hâté le pas, presque courant, et nous l'avions suivi. Il ouvrit nerveusement la porte par où s'était évanouie l'apparition. Cette porte donnait sur un escalier. Il cria de nouveau dans le vide sonore. Un éclat de rire étouffé lui répondit. Je me penchai sur la rampe, et j'aperçus en bas une femme qui regardait fixement vers nous.

C'était une vieille. On n'en pouvait douter, à son visage flétri, fripé de rides, aux mèches grises qui floconnaient hors de sa coiffe. Mais on n'y songeait pas, dès qu'on avait rencontré ses yeux, d'une jeunesse extraordinaire. Alors, en effet, on ne voyait plus qu'eux. Des yeux profonds, d'un bleu sombre, presque violet, et trouble. Des yeux d'enfant.

Soudain l'administrateur lui cria :

— Tu étais encore chez le Frisé !

La vieille ne répliqua rien, et pouffa de rire, comme tout à l'heure, à l'étouffade ; puis elle se sauva en jetant à l'administrateur un regard qui signifiait, aussi net que si elle l'eût dit en toutes lettres :

— Je me fous de toi.

Oui, ce verbe d'insulte et ce tutoiement familier, je les lus à plein dans ce regard. Et en même temps je constatai que l'expression des yeux de la vieille avait changé du tout au tout. Pendant cette brève bravade, les yeux d'enfant étaient devenus des yeux de singe, de macaque pervers et féroce.

Cette fois, malgré ma répugnance à interroger notre moulin à paroles, je ne pus m'empêcher de lui dire :

— C'est bien Ch'tiote, ça, n'est-ce pas?

— Oui, me répondit-il en rougissant, comme s'il devinait que j'avais compris l'injurieux regard de la vieille.

— Celle qui est si précieuse? ajoutai-je avec une intonation d'ironie qui le rendit tout à fait écarlate.

— Celle-là même, précisément, répliquat-il, en prenant les devants d'un pas rapide pour échapper à mes questions.

Mais à présent j'étais aguiché, curieux, et j'insistai par un appel direct à la complaisance de notre hôte.

— Je voudrais bien, lui dis-je, à lui, voir ce Frisé. Qui est-ce, ce Frisé?

L'administrateur se retourna, et fit :

— Oh! rien, rien. Ce n'est pas intéressant. Le voir! A quoi bon? Cela ne vaut pas la peine.

Et il nous entraîna dans l'escalier, par sa façon de descendre quatre à quatre. Lui, si lent, si méticuleusement explicatif, il était à présent pressé d'en finir; et la visite s'acheva dès lors en abrégé.

Le lendemain, je dus quitter le pays, sans avoir sur Ch'tiote d'autres renseignements.

Je revins quatre mois plus tard pour l'ouverture de la chasse. Je n'avais pas oublié Ch'tiote pendant ce temps; car ses yeux étaient inoubliables. Ce me fut donc un vif plaisir que d'avoir pour compagnon de route (trois heures de diligence entre la dernière station et le château de notre hôte) un homme qui ne cessa de me parler d'elle.

C'était un jeune magistrat, que j'avais déjà rencontré, et qui m'avait souvent intéressé par son esprit subtil, observateur, sa casuistique singulièrement raffinée, et surtout l'étrange contraste qu'offrait sa sévérité professionnelle et la tolérance de sa philosophie. Mais jamais il ne m'avait paru aussi captivant qu'en ce jour, où il me raconta l'histoire de cette mystérieuse Ch'tiote.

Il s'en était informé, lui, et y avait appliqué ses facultés de juge d'instruction, ayant été, comme moi, excité à la curiosité par une visite à l'asile. Or voici ce qu'il avait appris et ce qu'il me communiquait.

A l'âge de dix ans, Ch'tiote avait été violée

par son père. A treize ans, elle était mise dans une maison de correction, pour vagabondage et débauche. De vingt à quarante ans, elle avait été bonne dans le pays, changeant souvent de patron, devenant presque partout servante-maîtresse, ruinant des familles, mais sans rien amasser jamais, ni se faire une *position* définitive. Un bourgeois s'était suicidé pour l'amour d'elle. Un honnête garçon en était devenu voleur et incendiaire et avait fini au bagne. Deux fois elle s'était mariée et deux fois elle était restée veuve. Pendant dix ans, jusqu'à la cinquantaine, elle avait été à elle seule la *denrée* du pays, la gamelle de volupté où venaient, les jours de fête, s'empiffrer cinq villages.

— Elle était donc bien belle?

— Non, jamais elle ne l'a été, paraît-il. Une petite bique maigre, peu tétonnière, à la croupe plutôt sèche, voilà ce qu'elle était en son bon temps, m'a-t-on affirmé. Personne ne se souvient de l'avoir vue seulement jolie, même quand elle était jeune.

— Alors, comment expliquer?...

— Comment? s'écria le magistrat. Eh bien! Et ses yeux? Vous ne les avez donc pas regardés?

— Si, si, vous avez raison, répliquai-je. Ces yeux-là expliquent bien des choses, en effet. Son nom d'abord : Ch'tiote ! Oui, c'est vrai, elle a toujours l'air de l'être, Ch'tiote. Des yeux d'enfant, oui.

— Ah! s'écria de nouveau le magistrat, décidément pris d'enthousiasme, ces yeux-là, cher monsieur, c'est ainsi qu'ont dû en avoir Cléopâtre, Diane de Poitiers, Ninon de Lenclos, toutes les reines d'amour qui ont été aimées à des âges invraisemblables. Une femme n'est jamais vieille, avec ces yeux-là. Mais elle peut vivre cent ans, Ch'tiote, elle sera toujours aimée, toujours, comme elle l'a été, comme elle l'est.

— Comme elle l'est! Bah ! Par qui donc?

— Par tous les vieux de l'asile, parbleu, par tous ceux qui ont gardé une fibre qu'on peut pincer, un coin de cœur qu'on peut rallumer, un bout de désir frétillant et braisillant.

— Vous croyez?

— Si je le crois ! Mais j'en suis sûr. Aimée, Ch'tiote l'est surtout par l'administrateur.

— Allons donc?

— J'en mettrais ma tête à couper.

— Au fait, c'est bien possible. C'est même

probable. C'est même certain. Je me rappelle, en effet...

Et je revoyais le regard pervers, insultant, féroce et familier, le regard tutoyant, que Ch'tiote avait lancé d'en bas à l'administrateur.

— Et le Frisé, qui est-ce donc? demandai-je soudain au magistrat. Vous devez le savoir aussi.

— Le Frisé? C'est un ancien boucher qui a eu les deux pieds gelés en 70 et qui est le chéri de Ch'tiote. Un infirme, sans doute; deux jambes de bois; mais un mâle sérieux et un gaillard encore, malgré ses cinquante-trois ans. Des reins d'hercule; une face en gueule de satyre. L'administrateur en est assez jaloux!

Je me rappelais derechef; et tout cela me semblait véridique.

— Alors, le Frisé, elle l'aime?

— Oui, c'est son amant de cœur.

Comme nous arrivions, peu après, chez notre hôte, nous fûmes étonnés de trouver tout le monde en révolution. Un crime venait d'être commis à l'asile; les gendarmes y étaient; notre hôte avec eux; nous y courûmes.

C'est le Frisé qui avait assassiné l'administrateur.

On nous raconta les détails, qui étaient épouvantables. L'ancien boucher s'était posté derrière une porte, avait empoigné l'autre, s'était roulé par terre avec lui, et l'avait mordu à la gorge, lui déchirant et lui arrachant à pleins crocs la carotide, d'où le sang avait giclé sur toute la face de l'assassin.

Je le vis, lui, le Frisé.

Sa trogne, mal essuyée, était rouge encore. Il avait le front bas, les mandibules larges, les oreilles écartées de la tête et pointues, et les narines épatées comme un mufle de fauve en rut.

Et je vis aussi, je vis surtout, Ch'tiote.

Elle souriait, et ses yeux en ce moment n'avaient pas leur simiesque et féroce expression, mais ils étaient câlins et tendres et fleuris de leur plus douce candeur enfantine.

— Vous savez, me dit tout bas mon hôte, que la pauvre femme est un peu en démence sénile. De là vient ce regard, si étrange devant un tel spectacle.

— Pensez-vous, cher ami! insinua le

magistrat. Songez qu'elle n'a pas encore soixante ans. Moi, je crois qu'elle n'est pas du tout en démence sénile, pas du tout, du tout, et qu'elle a conscience parfaitement du crime commis.

— Pourquoi sourirait-elle, alors?

— Parce que cela lui est agréable.

— Oh! non, vous êtes trop subtil, vraiment.

Le magistrat se tourna brusquement vers Ch'tiote, et, lui plongeant son regard à fond d'âme :

— N'est-ce pas, lui dit-il, que tu comprends bien ce qu'on a fait là et pourquoi on l'a fait?

Ch'tiote cessa de sourire. Ses jolis et tendres yeux d'enfant devinrent ses abominables yeux de macaque. Puis, pour toute réponse, elle troussa ses jupes d'un coup et nous montra son sexe.

Oh! oui, le magistrat avait eu raison, tout à l'heure. Cette femme, cette vieille, c'était Cléopâtre, c'était Diane, c'était Ninon. Comme ses yeux, plus que ses yeux encore, son sexe était d'un enfant. Nous en restions tous stupéfaits.

— Cochons! cochons! nous cria le Frisé,

vous aussi, amon, vous aussi vous voulez faire avec!

Et je vis que le magistrat, en effet, avait le visage blême, contracté, les lèvres et les mains tremblantes, comme un homme pris en flagrant délit et encore secoué par son spasme interrompu.

# CHT'HEUMME-AUX-QUIENS

16.

# CHT'HEUMME-AUX-QUIENS

---

Bourgeoisement et respectueusement sa femme l'appelait, même parlant à sa personne, môssieu Bistaud; mais par tout le pays, et dans un rayon de dix lieues en France et en Belgique, on le désignait et il était célèbre sous le sobriquet de *cht'-heumme-aux-quiens* (prononciation picarde de : cet homme aux chiens).

Célébrité de mauvais aloi, au reste, et qui faisait de cht'heumme-aux-quiens une façon de paria.

Il faut savoir que là-bas, en Thiérache, on n'aime pas fort les douaniers ; car tout le monde, peu ou prou, profite de la contrebande, grâce à quoi beaucoup d'objets sont à bon marché, notamment le café, la poudre et le tabac. Il faut savoir aussi que sur cette frontière boisée, ravineuse, aux pâtures closes de broussailles, aux venelles obscures, la contrebande la plus active se fait par le moyen de chiens de chasse qu'une éducation spéciale rend chiens de fraude. Il ne se passe guère de soirée où l'on n'en aperçoive quelqu'un, bardé de son chargement, se faufiler d'une allure silencieuse, pointer son museau haletant au trou d'une haie, le regard inquiet et furtif, le nez froncé humant l'air pour éventer les gabelous et leurs dogues. Ces dogues, eux, une éducation toute spéciale aussi les rend bêtes féroces, et en deux coups de gueule ils étripent sans pitié leur misérable congénère, de chasseur devenu gibier.

Or, cette éducation contre nature, nul ne savait la donner comme cht'heumme-aux-quiens, dont le métier consistait précisément à dresser des mâtins pour la douane. Sale métier, métier de sans-cœur, pensait-on.

— Ch'est in bringand et in merlifiche,

disaient les commères, chti-là qui prend ainsin d'honnêtes quiens à nourrice, et qu'par après sont rin qu'des Judas.

Et les gamins en avaient fait cette formulette, qu'ils glapissaient de loin aux trousses du *dresseux :*

Ch'est cht'heumme-aux-quiens, cht'heumme-aux-quiens,
L'maît d'écol' pou' l's achachins!

Mais de loin seulement ils le tarabâtaient ainsi; et derrière lui seulement, non à sa barbe, l'injuriaient les commères; et même les hommes n'osaient guère lui témoigner leur mépris à deux pouces du nez; car il n'était pas endurant, et toujours se montrait escorté d'un de ses dogues, qui lui servait de porte-respect.

Ah! sans ces gardes du corps, on lui en aurait fait voir de grises! Et les fraudeurs surtout, qui lui en voulaient à mort.

D'autant que, réduit à ses propres forces, et malgré sa mine hargneuse, il ne paraissait pas bien redoutable. Gringalet et chétif, le dos rond, les jambes en manches de veste, les bras tout en longueur et maigres comme des pattes d'aragne, on l'eût sans peine culbuté d'un revers de main et défoncé d'un coup de galoche.

Mais il y avait ces sacrés mâtins qui gênaient les plus haineux et les plus hardis. Comment risquer même une menace, devant ces grands loups-garous à l'œil sanglant et torve, à la tête carrée dont la mâchoire semblait un étau, aux énormes crocs blancs aigus comme des poignards, aux molaires monstrueuses qui broyaient en bouillie des os de bœuf? Dressés à miracle, d'ailleurs, ne prenant leur nourriture que de la main du maître, lui obéissant sur un signe, et instruits non seulement à houspiller par le ventre les chiens de fraude, mais aussi à prendre par la gorge les fraudeurs en personne.

On les laissait donc tranquilles, lui et ses bêtes. On se contentait d'en dire du mal et de les tenir en quarantaine. Jamais paysan ne mettait les pieds dans leur masure, bien que la femme Bistaud y eût ouvert un petit débit et qu'elle fût une belle femme. Il n'y venait que des douaniers, et on se vengeait de tout ce monde en prétendant que cht' heumme-aux-quiens vendait aux gabelous sa femme comme ses dogues.

— Ch'est pour eux aussi qu'il la dresse, ainsin qu'ches quiens, répétait-on en goguenardant.

— Vouette, si ch' n'est pas un cocu-né, d'aveuc ech' barbe et ches qu'veux jaunes, et ches soucils en trompette qui lui font ein' paire ed' cornes.

Il était jaune de poil, en effet, ou plutôt roux, et ses sourcils buissonneux se retroussaient sur les tempes en deux pointes qu'il avait coutume de tire-bouchonner machinalement comme des moustaches. Et certes, ainsi coiffé, barbu et sourcillé en paille-à-poux, la face blême, les yeux clignards et de regard pâle, la bouche revêche aux lèvres minces, le nez chafouin, le tout sur son triste corps de malitorne, il n'était point beau.

Quant à être un cocu complaisant, ah! fichtre non, par exemple! Ceux qui le calomniaient de la sorte ne l'avaient pas vu chez lui. Jaloux, au contraire, il tenait sa femme à l'œil, sévèrement, comme ses quiens; et s'il l'avait dressée, c'était à lui être fidèle, comme eux.

Belle femme, ce qu'on appelle à la campagne un beau corps de femme, grande, plantureuse, tétonnière et fessue, elle faisait certainement loucher plus d'un gabelou ; mais il ne fallait pas renifler de trop près son parfum de grosse brune. Autrement vlan ! une tiretarrière !

Voilà, du moins, ce que racontaient les douaniers, quand quelqu'un les gouaillait en leur disant :

— N'empêche ; vous d'vez gramint ramasser d'ches puces, à vous frotter la couenne contre la femme de cht'heumme-aux-quiens.

Mais ils avaient beau défendre la vertu farouche de madame Bistaud, on ne les croyait pas et on leur répondait :

— Vous cachez vô ju ; v's avez honte ed' coucher aveuc ctella qu'est la va-trop d'un pareil pisse-froid.

Et, vraisemblablement, on ne pouvait imaginer qu'une telle femme, si bien en v'ande, et qui avait l'air d'avoir le croupion chaud comme elle avait le regard, et qui devait aimer à être bien servie, pût se satisfaire d'un tel piètre mari, si mal en point, si laid, débile et rousseau, puant l'aigre de son poil et le remugle de son chenil charogneux.

Ce qu'on ignorait, c'est que jadis cht' heumme-aux-quiens lui avait donné, une fois pour toutes, une leçon de fidélité. Oh! à propos de peu de chose, d'un péché vraiment véniel! Il l'avait un jour surprise à se laisser embrasser par un galant. Cela, rien de plus! Il n'avait pas pouffeté. Mais, le galant parti, il avait amené deux de ses dogues dans la chambre, et avait dit :

— Si teu n'veux pas qu'ils t'mingent les boyaux et qu'ils t'vident comme eine lapine, mets t'à genoux, que j'te corrige!

Terrifiée, elle avait obéi, alors cht' heumme-aux-quiens l'avait sanglée à coups de fouet jusqu'à ce que le bras lui tombât de fatigue. Et cela, sans qu'elle osât crier, quoique saignante sous la lanière qui déchiquetait la robe et coupait la peau; sans qu'elle osât pousser autre chose que de sourds gémissements râlés; car, tout en frappant, il répétait :

— Gueule point, nom des os, gueule point, ou j'te lâche les quiens au cul.

C'est depuis lors qu'elle était si fidèle à môssieu Bistaud.

La raison de sa fidélité, elle ne l'avait confiée, comme bien on pense, à personne.

Sa rancune encore moins, non pas même à môssieu Bistaud, qui la jugeait matée à tout jamais, et qui la trouvait toujours si soumise et si respectueuse. Elle la gardait pourtant au cœur, cette rancune rongeante et tenace, et depuis six ans la nourrissait de muets espoirs et de revanches promises. Et c'était cette flamme d'espoirs et cette rage de revanches qui lui mettaient aux yeux tant de coquetterie pour les gabelous. Elle cherchait, parmi ses amoureux attisés, le vengeur possible.

Elle le rencontra enfin. Un superbe brigadier de douane, à carrure d'hercule, à poings de boucher, et qui avait acheté de cht'heumme-aux-quiens quatre de ses plus féroces dogues.

Une fois accoutumés à leur nouveau maître, et surtout après qu'ils avaient, en chassant avec lui, goûté la chair pantelante des chiens de fraude, ces mâtins se détachaient peu à peu de l'ancien patron, leur père nourricier. Sans doute ils le reconnaissaient toujours un tantinet, et ne lui auraient certes pas sauté à la gorge comme sur le premier étranger venu. Mais, quand même, entre sa voix et celle du nouveau maître, ils n'hésitaient point, et c'est à celui-ci qu'ils obéissaient.

La chose, souvent observée par la femme, n'avait pu jusqu'alors lui servir beaucoup. Un gabelou, en général, ne se paye qu'un dogue, et cht'heumme-aux-quiens en avait toujours en élevage au moins une demi-douzaine, sans compter un gardien personnel qu'il se réservait, le plus terrible de tous. Donc, un duel restait impossible, entre un galant quelconque aidé d'un seul mâtin, et le *dresseux* défendu par sa bande.

Mais, cette fois, les chances s'équilibraient mieux. Pour le quart d'heure, justement, il n'y avait au chenil que cinq élèves, dont deux très jeunes. Bien sûr le vieux compère du patron, le formidable Bourreau, comptait pour plusieurs. Mais, somme toute, contre lui et les trois autres bons, on pouvait risquer une bataille avec les deux couples du brigadier. Il fallait profiter de l'occasion !

Et un beau soir, comme le brigadier, seul au débit auprès de la femme Bistaud, la serrait de près, elle lui dit à brûle-pourpoint :

— C'est-il d'bon cœur, au moins, môssieu Fernand, que vous voulez tâter de m'piau ?

Il répondit en la baisant à pleines lèvres :

— Si c'est d'bon cœur ! Mais, mame Bistaud, j'y donrais mes galons en pour. Ainsi, vous voyez.

— Eh ben ! reprit-elle, agissez queusi que j'vos dirai, et, foi d'hònnête femme, j'sis vô denrée à tout faire.

Et, appuyant sur ce mot de *denrée*, qui là-bas signifie putain, elle lui murmura chaudement à l'oreille :

— Ein' denrée qui sait s'n affaire, allez ! Car il m'a bé dressée aux saloperies, mon cochon d'homme. Y en faut, à li, l'sang de navet, pou qu'il soit ben aise. Et j'vos en ferai tout si, et toudi, et plus encore gramint, si vos y t'nez.

Le feu aux reins, Fernand promit tout ce qu'elle voulut. Fiévreusement, malignement, elle lui conta sa honte de jadis, sa jolie *piau* tant fouaillée, sa rancune, sa soif de revanche, et son plan pour se venger. Le brigadier acquiesça.

Le soir même il arrivait à la masure avec ses quatre dogues, armés de colliers à pointes.

— Qué qu'vos v'nez faire avec cheux-là ? demanda cht'heumme-aux-quiens.

— J'viens voir, répliqua le brigadier, si vos n'mavez nin volé ein m'les vendant.

— Qu'mint chà, volé ?

— Ui, volé ! Ein m'a dit comme cha qu'ils n'sauraient étriper ein quien pareil à vô Bourreau, et qu'y a des quiens de fraudeurs qui l'valent, vô Bourreau.

— N'y en a mie.

— Enfin, si y en a, j'veux savoir qu'mint qu'ches quiens qu'vos m'avez vendus s'ein tirerot.

La femme riait d'un mauvais rire. Cht'heumme-aux-quiens eut un soupçon, en constatant qu'à ce mauvais rire le brigadier répondait par un clin d'œil. Mais le soupçon était venu trop tard. Le *dresseux* n'avait pas eu le temps de courir au chenil appeler sa meute. Déjà Bourreau était croché par les quatre mâtins du brigadier. En même temps, la femme avait fermé la porte à clef, et cht'heumme-aux-quiens, attrapé à bras-le-corps par le gabelou, gisait par terre, immobilisé. Bourreau ne pouvait lui venir en aide, occupé à se défendre contre les brigands qui l'écharpaient, malgré sa force et sa vaillance.

Cinq minutes plus tard, deux des mâtins

assaillants étaient hors de combat, les boyaux à l'air; mais Bourreau lui-même agonisait, décousu, la gorge béante.

Alors, devant cht'heumme-aux-quiens solidement ficelé, la femme et le gabelou se mirent tout nus, et la vengeance commença, longue, raffinée, sinistre, tandis que les deux mâtins encore debout haletaient, que les trois autres râlaient dans leur sang, et que le couple des amants en rut haletait et râlait plus encore, excité par la rage du *dresseux* qui ne pouvait pas ne pas les regarder et qui hurlait désespérément :

— Salops ! salops ! Vos me l'payerez !

A quoi la femme ripostait par moments, d'une voix étouffée dans sa pâmoison, ce simple mot qu'elle répétait comme un répons de litanie :

— Cocu ! cocu ! cocu !

Quand elle fut lasse d'amour, elle n'était pas encore rassasiée de haine, et elle dit au brigadier :

— Fernand, allez au chenil et tuez les cinq bêtes qui restent, aveuc vô fusil. Sans ça, demain, il m'f'rait minger par eusses. Allez-y, min fieu !

Le brigadier obéit. On entendit dans la

nuit cinq coups de feu. Ce ne fut pas long. Mais, ce peu de temps, il n'en avait pas fallu davantage à cht'heumme-aux-quiens pour montrer ce qu'il savait faire. Pendant qu'il était garrotté, les deux mâtins du gabelou l'avaient reconnu peu à peu, étaient venus le flatter. Une fois seul avec eux et sa femme, comme celle-ci l'insultait, levée et face à face, il avait crié contre elle, de son verbe autoritaire :

— Pille, Flambard ! Pille, Garou !

Et les deux brutes, se rappelant sa voix, avaient bondi sur la malheureuse toute nue l'un la prenant à la gorge, l'autre lui fouillant le ventre à pleins crocs.

Quand le brigadier rentra, elle mourait par terre, dans une mare de sang.

Cht'heumme-aux-quiens ricanait :

— Teu vois, putassier, teu vois si j'les dresse, mes quiens !

Effaré, le gabelou se sauva, suivi par ses mâtins qui lui léchaient les mains en courant et les lui faisaient toutes rouges.

Le lendemain, on trouva cht'heumme-aux-quiens toujours attaché, mais toujours ricanant, dans sa masure transformée en abattoir.

Arrestation, procès-verbal, instruction de l'affaire, jugement, le brigadier condamné, cht'heumme-aux-quiens acquitté, ce fut toute une histoire dont on parla longtemps dans le pays, et dont on parle encore.

Car cht'heumme-aux-quiens y est revenu, et il y est plus célèbre que jamais sous son sobriquet thiérachois.

Mais sa célébrité n'est plus de mauvais aloi aujourd'hui. Autant on le méprisait et le détestait jadis, autant on le respecte et l'aime dorénavant. Il est toujours en effet, cht'heumme-aux-quiens, et le bien nommé, et le *dresseux* qui n'a pas son pareil à dix lieues à la ronde. Seulement, à cette heure, ce n'est plus des mâtins qu'il élève. Il a cessé d'instruire, pour ces sales gabelous, d'honnêtes quiens à n'être *rin qu'des Judas.* Désormais, il dresse des limiers à faire la fraude.

Et il faut l'entendre dire en se rengorgeant :

— Et j'm'y entends, allez, comme à punir les denrées par où elles ont péché ! Car c'était gramint régalant d'voir mes élèves travailler l'piau dé m'putain, son gaviot qui m'avait menti, et son ventre qu'avait bu à un aut'goulot qué l'mien.

# LE PATARIN

# LE PATARIN

— Viens, m'avait dit mon ami. Tu ne regretteras pas d'avoir fait l'excursion. Sans doute la montée est rude; le dîner que nous trouverons chez le chevrier ne nous réconfortera guère; le lit de feuilles sèches qu'il nous offrira pour passer la nuit ne nous reposera pas beaucoup; tout cela est vrai; mais, en revanche, tu contempleras un des plus farouches paysages de nos belles Cévennes, ce qui est quelque chose; puis, demain, à l'aube, tu auras chance de tirer des aigles, ce qui n'est pas rien non plus; enfin, tout là-haut, là-haut, tu pourras voir de tes yeux et entendre de tes oreilles le patarin, le fameux patarin, l'unique et le dernier patarin qui existe ; et à lui seul, je t'en réponds, ce gaillard-là vaut le voyage.

Il n'était pas besoin, pour me décider, d'un aussi long discours. L'argument final suffisait. J'avais, en effet, grand désir de connaître cet étrange personnage, dont tout le monde dans le pays m'avait parlé.

On comprendra, d'un seul mot, ma curiosité : le patarin était un ermite protestant.

Il vivait dans la montagne, comme un sauvage, de baies, de glands doux, de châtaignes, et des croûtons de pain qu'il venait, une fois par mois, quêter à la porte de quelques fermes. Il avait alors coutume, en échange de l'aumône offerte, de faire un sermon qui divertissait fort les paysans ; car le bonhomme avait le cerveau un peu fêlé et prêchait de la façon la plus drôlatique, paraît-il. Surtout quand il avait bu un coup de trop, ce qui lui arrivait à chacune de ses descentes, vu que ses prêches l'altéraient beaucoup et qu'on s'amusait à le rafraîchir avec du vin pur.

C'était, d'ailleurs, un étranger. Il s'était

installé là-haut voilà dix ans, venu on ne savait d'où, n'entendait pas le patois et parlait français.

Pour toutes ces raisons, on le conçoit, objet de risée !

Moi, l'imagination aussitôt en éveil, je me figurais un mystérieux et suprême représentant des anciens hérésiarques, Camisards, Albigeois, Patarins du douzième siècle, dont il invoquait volontiers le souvenir, m'avait conté mon ami. D'où le surnom, au reste.

C'est donc l'esprit très excité que je fis l'âpre ascension.

A vrai dire, même sans l'espoir de connaître le patarin, il y avait de quoi ne pas sentir la fatigue, seulement à s'emplir les regards des merveilleux tableaux incessamment déroulés par la montagne. Rien au monde ne surpasse en tragique beauté ces fauves Cévennes, aux rocs raides entaillés de hautes brèches, aux brusques arêtes, gigantesques ossements qui semblent avoir été fracassés à coups de hache par des dieux ivres de colère, carcasses décharnées depuis toujours par les mains pillardes des vents, par les langues lécheuses et baveuses des torrents en cascades, mais carcasses depuis toujours caressées par un amoureux soleil qui, sur leur lividité spectrale, fait courir le vivant frisson de sa pourpre et les ors fondus de ses baisers.

Et pour être sincère, en arrivant chez le chevrier, je ne songeais plus du tout au patarin. J'étais soûl d'admiration grandiose. En même temps, rendu de fatigue, crevant de faim et de soif. Me repaître de n'importe quoi, boire de l'eau comme une bête harassée, voilà tout ce que je demandais, et m'étendre ensuite sur le dos pour cuver ma pitance quelconque, ma fatigue et mon admiration.

Mais, si je ne tenais plus, pour le moment, à voir le patarin, le patarin, lui, qui nous avait aperçus du haut de sa retraite, tenait sans doute beaucoup à faire notre connaissance. Car, à peine étions-nous attablés (par terre, d'ailleurs) devant les châtaignes et le fromage du chevrier, que nous entendîme de grands cris dans la montagne; or, un quart d'heure après, les cris s'étant peu à peu rapprochés, le patarin en personne dévala de l'escarpement le plus voisin, tout essoufflé, toujours criant, et avec des gestes éperdus et cocasses de moulin à vent qui se détraque.

— Holà! holà! fit-il en venant se camper à deux pas de nous, voilà des étrangers. Çà, que je vous évangélise! Je suis le patarin, le patarin qui évangélise.

C'était un long et sec vieillard, d'une soixantaine d'années, chauve, le front très haut, des cheveux blancs en couronne hérissée lui formant comme un nimbe de rayons, la barbe hirsute, large, et cependant fluviale, un nez crochu, des yeux de hibou, ronds, jaunes et vagues.

Il était vêtu d'une sorte de robe en vieille toile à sac, serrée fortement à la taille par une très grosse corde, et sous laquelle on devinait que son maigre corps osseux était tout nu.

— Çà, çà, répétait-il, que je vous évangélise! Je suis le patarin, le patarin qui évangélise.

Et, comme le troupeau de notre hôte rentrait en ce moment à l'étable, les chèvres à la queue-leu-leu et gravement suivies par le bouc :

— Ceci, reprit le patarin, soit le texte offert par la divine Providence! Parlons chèvres et parlons bouc surtout. C'est du bouc émissaire, mes frères en Dieu, que je vais vous entretenir.

Et, sans plus attendre, l'haleine encore haletante de sa course, il entama un prêche.

Mais, je dois l'avouer, si l'exorde m'avait paru original, le sermon fut extrêmement ennuyeux. Un sermon véritable, aux filandreuses périodes ! Les gestes seuls, et l'allure étrange du bonhomme, demeuraient comiques.

Que cela, et le parler en français oratoire, fût un divertissement pour les patoisants d'en bas, sans doute ! Pour moi, éreinté comme je l'étais, non certes. Fichtre ! J'avais une désillusion, et je ne pus m'empêcher de dire à mon ami :

— Quel rasoir !

— Attends, fit mon ami. Il n'est pas encore en train. Mais je vais lui verser le Saint-Esprit.

Et, débouchant sa gourde, il la lui tendit. C'était du fort Montpellier, une eau-de-vie de sapeur. Le patarin en ingurgita d'un trait une longue et formidable rasade. Puis, tout d'un coup, m'interpellant avec un éclat de rire :

— Toi, me cria-t-il, toi, tu es papiste, hein? Ah! Ah! papiste! Eh! bien, écoute un peu son histoire, à ton pape.

Il s'assit tout près de moi, et se mit à me chanter, d'une voix très douce, à en paraître enfantine, sur un rythme sautillant :

Le pape est dans son fauteuil,
Qui rit, qui rit, qui,
Qui rit, qui rit, qui,
Qui rit, qui rit, qui,
Qui rit comme un fou,
Qui rit comme un fou.

Tout en filant ce couplet, il mimait la gaieté du pape, se tordait d'hilarité et finit par se rouler par terre.

Après quoi, se relevant et devenu soudain très grave, il reprit, d'une voix très basse maintenant :

Les cardinaux lui demandent :
Père, qu'a, qu'a, qu'a,
Père, qu'a, qu'a, qu'a,
Père, qu'a, qu'a, qu'a,
Père, qu'avez-vous?
Père, qu'avez-vous?

— Si vous voulez tous, ajouta-t-il, savoir ce qu'avait votre pape, donnez encore un peu à boire au pauvre prédicant, au patarin qui a soif.

Il avala une nouvelle et copieuse gorgée. Puis, reprenant son timbre de petite flûte et en chevrotant comme un très vieil homme :

Je ris d'une de mes filles
Qui faisait pipi,
Qui faisait pipi,
Qui faisait pipi,
Qui faisait pitié,
Qui faisait pitié.

Elle était toute couverte
De ca, ca, ca, ca,
De ca, ca, ca, ca,
De ca, ca, ca, ca,
De calamités,
De calamités.

Cette fois, je l'avoue, je riais follement, et de la chanson et du chanteur, et par-dessus tout de ce qu'il y avait d'extraordinairement bouffon dans cette scène en un pareil endroit.

— Tu ris! tu ris! s'écria tout à coup le patarin. Mais il n'y a pas de quoi rire. Il y a de quoi pleurer plutôt, papiste du démon, dont le pape bafoue ainsi sa fille tombée par sa faute dans la désolation de l'abomination! Attends, d'ailleurs, attends, et tu ne vas plus longtemps rire. Encore un peu à boire au pauvre prédicant qui a soif, et revenons à notre texte qui est, mes frères en Dieu, le bouc émissaire.

Et, vidant la gourde, près d'un demi-litre d'eau-de-vie dans le corps, il recommença son prêche.

Oh! par exemple, plus ennuyeux du tout, à présent! Car il s'embarbouillait dans ses phrases, et aussi dans ses mouvements et gestes d'éloquence, titubait, chavirait, tombait par terre et là continuait à pérorer, se redressait comme mû par un ressort, semblable à un diable qui jaillit d'une boîte, roûlait des yeux ainsi qu'un chat foirant dans la braise, et finalement nous montrait sa ceinture dénouée et sa robe ouverte, toute sa nudité lamentable et grotesque, sa poitrine avec le dessus de malle en soies raides et grises, son ventre ridé où le nombril grimaçait comme un vieil anus effondré, et son sexe rétri et flétri en lavette bringueballante.

Le chevrier l'apostropha en patois, puis ajouta en français, avec un rude accent montagnard :

— Vougre dé saligaud! Patarin de nom de foutre! Prédicant du diable! Tu es soûl commé la vourrique à Rovespierre, et tu nous fais voir ton cul. Mais c'est toi, cochon, c'est toi lé vouc émissaire.

— Oui, oui, tu as raison, c'est moi, clama le patarin. Oui, tous les vices sont en moi, mais parce que j'ai pris les vôtres. Oui, oui, et l'ivrognerie, et la luxure! Mais je vais m'en débarrasser, de vos vices, je vais en charger le bouc, le vrai bouc, pour qu'il devienne le triste bouc émissaire et pour qu'il les emporte au désert.

Ce disant, il se rua dans l'étable, en ramena le bouc qu'il poussait devant lui, et hurla sur un ton de prophète :

— Va au désert, bouc, va, et emporte les péchés d'Israël! Tiens, voici la salive menteuse d'Israël!

Et il crachait sur le bouc.

— Voici l'ivrognerie d'Israël!

Et, se fourrant les doigts dans la bouche, il hoquetait et vomissait à grands flots sur l'animal.

— Voici la vermine d'Israël!

Et il se dépouillait complètement de sa robe et la jetait sur la bête effarée, qui jusque-là s'était débattue et qui maintenant restait immobile, la tête et les yeux couverts par le vêtement.

— Et voici enfin, rugit triomphalement le patarin, voici la sale et immonde luxure d'Israël !

Il avait empoigné le bouc par les poils de l'échine et se courbait déjà vers lui (*transversa tuentibus hircis*, dit Virgile), quand le chevrier se précipita au secours du chef vénérable de son troupeau, bouscula le vieillard, l'envoya rouler par terre et lui cria, indigné :

— Fous moi lé camp, eh! vougre de pouâr! Tu n'as pas dé la honte, devant ces messieurs? File, patarin, file, eh! Ou sans ça, je vais t'en foutre, moi, eh!

Subitement dessoûlé, le bonhomme ne demanda pas son reste, ramassa en hâte sa robe, et, sans même prendre le temps de la mettre, se sauva en gambadant tout nu par les rochers, tandis que le chevrier le poursuivait en gueulant et en lui jetant des pierres.

Mon ami et moi, nous ne pouvions plus nous tenir de rire. Nous en pleurions.

Et nous faillîmes en mourir, quand le chevrier, revenant à nous, et toujours indigné, et nous expliquant son indignation, conclut de l'air le plus grave :

— Non, vous comprénez, c'est trop fort, aussi. A-t-on idée d'un vougre pareil? Avé le vouc, eh! Avé le vouc! A-t-on jamais vu ça? Ah! sacré cochon! Avé des chèvres, je ne dis pas, ça se fait, c'est chrétien. Mais avé le vouc, nom de Dieu! avé le vouc, foutre, c'est pas comme il faut, eh!

# POUILLARDS

## POUILLARDS

C'est juste au bout le plus avancé de la plage, au petit promontoire où la jetée prend racine, au rendez-vous de tous les vents, de toutes les averses et de tous les embruns, qu'est situé le poste des haleurs.

La baraque, murailles et toiture, est en vieilles planches tant bien que mal passées au coaltar. Des tampons d'étoupe, des chiffes en filin détordu, bouchent à peu près les fentes. En litière le long des parois s'entasse du goëmon desséché. Au centre de la pièce et à même le sable du sol, un pot de fonte, le cul percé sur deux briques de champ, sert de poêle quand il y a du charbon. Poêle sans tuyau, qui enfume la pièce sans fenêtre, aérée seulement par une porte basse.

Là dedans gîtent les *pouillards*, dix-huit hommes et une femme.

Quelques-uns, paraît-il, repris de justice en surveillance. Les autres, qui sait quoi? Stropiats, mendigots, échappés d'hospice, presque tous des vieillards; mais tous, même les éclopés, encore assez valides pour le halage. Car la chambre de commerce les tolère là et leur donne asile dans ce chenil à condition que, pour prix du logement, ils soient prêts à haler de jour et de nuit.

La besogne rapporte à chacun, par bateau halé, deux sous le jour et quatre la nuit. Encore n'est-elle pas assurée, à cause de la concurrence faite par les petites gens du port, matelots à la retraite, femmes de pêcheurs, travailleurs sans autre ouvrage, tous plus solides que les crève-la-faim de la baraque.

Et pourtant ils vivaient, les dix-huit pouillards et la pouillarde. Heureux? Bien sûr non. Désespérés? Non plus. Car au maigre salaire s'ajoutaient quelques aumônes, et aux aumônes quelques larcins, de poisson, de houille, de vagues choses sans valeur pour les larronnés, précieuses pour les pauvres larrons si gueux.

Les dix-huit entretenaient la femme.

Aucune jalousie entre eux! D'un commun accord, on se la repassait. Les besoins n'étaient pas trop fréquents. Elle y suffisait sans peine. Elle n'avait point de favori marqué.

C'était une grosse trouille, de quarante ans environ, molle et mafflue, et dont le père la Bretagne, un des dix-huit, disait volontiers:

— Elle nous fait honneur.!

Ce père la Bretagne, s'il y avait eu un favori parmi les dix-huit, eût certainement réuni le plus de titres à un tel privilège. Bien qu'il fût un des moins en point, étant quasi paralysé des jambes, il se montrait adroit et débrouillard comme pas un. Avec son arrière-train en retard, il s'arrangeait toujours pour être des premiers à prendre sa place, et la bonne, dans les chaînes de halage. Nul ne savait aussi bien que lui, pendant la saison, apitoyer les étrangers et leur faire mettre la main à la poche. Il était, en outre, passé maître à la foire d'empoigne. Et donc, parmi ces ventres creux et ces sans-le-sou, il avait plus souvent qu'à son tour aubaines de victuailles et provision de billon. Mais il n'en abusait pas pour accaparer la maîtresse à tous :

— Moi, disait-il, je suis juste. Chacun sa cuillerée, pas plus, quand on mange à la gamelle.

Ses rabiots de houille, il en faisait bon feu pour la bande dans le pot de fonte, sur quoi il cuisinait ses flibustées de pitance, sans que personne eût à s'en plaindre :

— Car, observait-il, je leur donne gratis à se chauffer et, pour pas plus cher, la fumée de mon fricot.

Quant à ses gros sous, il les buvait avec la trouille, la laissant ensuite loyalement à celui des dix-huit qui devait l'avoir.

— Et, faisait-il, tu vois si je suis juste et mieux que juste. Je te la cède, comme c'est ton droit ; mais je te la cède tout allumée.

Aussi, dans la baraque, aimait-on fort le père la Bretagne, au point qu'il en tirait gloire, répétant avec orgueil :

— Dommage qu'on soit en République ! Ces bougres-là ne feraient ni une ni deux pour me nommer roi.

A quoi la trouille répondit un jour :

— Le roi, mon vieux, le v'là !

En même temps, elle présentait un nouveau compagnon, non moins haillonneux et calamiteux que les dix-huit, mais tout jeune à côté de ces birbes. C'était un grand maigre, touchant à la quarantaine, sans un poil blanc dans ses longs cheveux. Il n'était vêtu que d'un pantalon et d'une chemise passée par-dessus en guise de blouse. Et la trouille dit :

— Allons, ho! l'père la Bretagne, toi qu'as deux tricots sous ta pelure, donne-lui-en un, et plus vite que ça.

— De quel droit? demanda le pouillard.

— Du droit qu'je l'veux, répondit la femme. D'puis assez longtemps j'couche avec vous tous, tas d'vieux! Faut m'en payer un jeune, et c'est c'lui-là. Et vous l'frusquinerez, et vous l'nourrirez, ou je vous lâche. A prendre ou à laisser. Est-ce compris?

Les dix-huit se regardèrent en ouvrant des gueules. Le bon père la Bretagne se gratta la barbe, puis prononça :

— Ce qu'elle demande est juste. N'y a qu'à s'incliner. Seulement, un instant! Toi, le conscrit, t'engages-tu à nous laisser notre tour de femme? Tout est là.

— Je vous laisserai ce que vous voudrez, répliqua l'intrus. Ce n'est pas moi qui vous embêterai.

Et il ajouta très doucement :

— Pourvu que j'briffe!

On s'expliqua. On s'entendit. Le pauvre diable ne venait certes pas en conquérant, en avale-tout-cru. C'était un malheureux paillasse, sorti de prison, où il avait *tiré trois berges* pour attentat à la pudeur. A part cela, le meilleur zig du monde, affirmait-il.

— Et de quoi me régaler, ajouta la trouille. Car, pour les six sous que je lui ai donnés, j' vous réponds qu' j'en ai eu mon compte.

Le ménage à dix-neuf devint donc le ménage à vingt. Tout marcha bien, les premiers temps. Humble, le paillasse tâchait de ne pas être trop à charge aux pouillards. Vêtu, nourri, fourni de tabac, sur la masse, il ne se montrait pas trop exigeant. Au besoin même, il eût halé comme les autres. La trouille ne voulut pas.

— Te fatigue pas, mon p'tit homme, disait-elle. Garde-toi tout entier pour moi.

Et il se laissait faire.

Trop, pensèrent bientôt les dix-huit. La trouille, en effet, à le câliner, négligeait les autres. Elle leur donnait encore leur tour, sans doute; mais de mauvaise grâce et sommairement.

— Bon, si nous étions de jeunes coqs, disait le père la Bretagne. Seulement, quoi! A notre âge, ça ne nous suffit pas, de faire toc toc et puis bonsoir.

Les dix-huit, qui n'avaient jamais été jaloux les uns des autres, devinrent jaloux du préféré. D'aucuns lui cherchèrent noise. Il se rebiffa. Le meilleur zig du monde, sans doute; toutefois il ne fallait pas le prendre pour une moule, non plus! Qu'on le traitât de *grand mac, feignant comme un prêtre*, il en riait; mais qu'on s'amusât à lui fourrer, ainsi qu'on le fit, des paquets de cheveux dans son *trèfle*, des poignées de ronces dans son pieu de goémon et des cervelas d'étron dans sa soupe, ah! zut, alors!

— Pas d'ça, la coterie, ou j'vous passe à tabac.

On récidiva quand même. Il cogna. Sans chercher à savoir les coupables; sur les premiers venus; au petit bonheur! A coups de chausson (sa spécialité), il mit des nez en marmelade.

Ayant ainsi pris conscience de sa force,

et aguiché par la trouille, fatalement, il tourna vite à la tyrannie. Les dix-huit se se sentirent esclaves. L'ancien paradis de la baraque, à la si douce concorde, à la si bonne égalité, se changeait en enfer. Cela ne pouvait pas durer.

— Ah! grognait le père la Bretagne, si j'avais vingt ans de moins, comme je m'attellerais à sa piau! J'ai mon coup de tête en Breton. Oui, mais voilà! c'est mes sacrées gambes qui ne vont plus.

Et il proposait bravement au paillasse un duel où celui-ci se laisserait ficeler les pieds, et où tous deux, assis par terre, se mangeraient le nez à armes égales.

— Un duel comme ça, disait-il, à la bonne heure, ça serait juste.

— Tiens, ça qu'est juste, Auguste! ripostait l'autre en lui envoyant la pointe de sa semelle dans les côtes.

Et la trouille s'esclaffait et en s'esclaffant s'écriait :

— Vieux farceur de père la Bretagne, va! Pourquoi que tu lui proposes pas, à mon p'tit homme, un duel au pistolet sur Bibiche, à condition de ficeler son outil pour qu'il soit pareil au tien? Ça aussi, ça serait juste.

Le père la Bretagne geignait dans son coin, crachait rouge. Tout le monde se taisait. Lui, le plus crâne, ainsi mouché, que pouvaient faire les autres? On n'avait qu'à se soumettre. La trouille avait eu raison le jour où elle avait amené l'intrus en disant :

— Le roi, le v'là!

Seulement, elle aurait dû se rappeler qu'elle seule, en somme, tenait ses sujets, et, selon la juste expression du père la Bretagne, par le bon bout. Avec elle pour fiche de consolation, ils auraient supporté n'importe quoi, sans doute. Elle commit la maladresse de leur couper les vivres, la fameuse gamelle! Elle voulut tout réserver pour son chéri. Cela porta au comble l'exaspération des dix-huit.

Et, une nuit, comme le paillasse et elle dormaient, repus d'amour parmi ces amoureux à jeun, les dix-huit se ruèrent sur eux. On empaqueta dans un prélart les jambes et les bras du despote, et, devant la femme solidement garottée...

— Oui, me racontait le père la Bretagne en personne, oui, monsieur, nous nous sommes vengés ainsi. C'était juste, n'est-ce pas? On a bien guillotiné le roi en 93. Alors, nous aussi, bon sang, nous avons guillotiné le nôtre.

Et il concluait en ricanant :

— Oh ! par exemple, faut être juste, comme c'est pas sa tête qui le faisait roi, lui, c'est pas la tête non plus, dame, que je lui ons coupée.

# HAINE

# HAINE

Le pertuis n'est pas large (ah! foutre non, bonne Vierge!) entre la maudite roche Flaupière et le sacré banc des Erdoux. Et quand par malechance il vente du nordet (chose rare heureusement en ces parages), il faut prendre joliment court sa bordée, juste à anger la Flaupière, pour arriver tout dret d'un coup dans le mitan du goulet et mettre alors le cap sur la passe de l'Angrade et le moulin des Herbaudes. Faute d'un rien, par ces temps-là, on risque d'aller à bâbord s'éventrer dans la herse des Erdoux, ou à tribord s'écraser entre les deux pinces de la Flaupière.

Aussi, quoiqu'il eût fait cette manœuvre des fois et des fois, et qu'il l'eût quasi dans la main assez pour la faire même en dormant, aussi ouvrait-il l'œil, et le bon, depuis un grand quart d'heure déjà, le vieux père Gélin, surnommé le *Petit-Doux*, patron du chalutier l'*Augustine*.

Mais ce n'était pas tant l'entrée du pertuis qu'il considérait de la sorte ; et dire qu'il ouvrait l'œil, et le bon, c'est une façon de dire ; car ses bougresses de prunelles grises, dures et perçantes, avaient plutôt en ce moment le mauvais œil, et fusillaient à distance un follier qui naviguait au plus près de la Flaupière, cherchant le point pour s'engager dans le goulet.

Le *Petit-Doux*, en effet (ainsi sobriqueté par ironie), avait reconnu en ce follier le bateau de son mortel ennemi, Pierre Larzennec, dit *le Breton*.

Ah ! ce Breton, comme il lui en voulait, de quelle profonde haine, et comme, à le voir là-bas près du péril, il murmurait en lui-même rageusemen :

— Souffle, souffle, nordet ! Casse-lui la goule contre la Flaupière, bon nordet ! Qu'il y coule à pic, dans le trou aux homards, et qu'il y soit chiqué par eux jusqu'au cœur, ce forban qui m'a fait tort!

Et il remâchait, avec une bile amère, tout ce qui lui rendait odieux et abominable ce Breton de malheur.

Un gueux, un va-nu-pattes, un rat de quai, un étranger au pays, qui était venu s'échouer ici comme une épave, au sortir de l'hospice, après quelque sale maladie sans doute, et qui, malgré ça, le voleur, avait pris à la traîne de ses chansons et de ses mines câlines la propre fille unique de maître Gélin, patron de l'*Augustine* et le plus riche chalutier du port!

Et, de cet amour, impossible de la démarrer, la gaupe, affolée de son sans-le-sou! Il l'avait ensorcelée, bien sûr! Elle n'avait voulu entendre à rien, ni aux menaces, ni aux prières, ni aux remords de laisser à l'abandon la maison de son père, resté veuvier pourtant par affection pour elle! Et contre le gré du vieux, et à sa barbe, la loi en main (l'injuste loi qui soutenait l'enfant ingrat et l'arrachait à l'autorité domestique!) elle avait épousé l'étranger, le rat de quai, le va-nu-pattes, le gueux! Elle avait avec lui préféré la noire misère, la guenille, la marmaille bientôt pullulante, tout ce que lui avait prédit son père, tout ce qui était arrivé fatalement, et qu'elle avait supporté sans se plaindre.

Sans se plaindre, elle, oui ; mais non sans que le *Petit-Doux* le lui reprochât et lui en fît injure chaque fois qu'il la rencontrait, halant sur le quai pour gagner quatre pauvres sous, ou portant la hottée des mareyeurs, ou pêchant la grenade dans les flâches de la côte. Car alors, il ne manquait jamais de l'insulter, surtout les jours où il avait la soute pleine, pour avoir trop bu du dur.

— Mauvaise gouine, lui criait-il, te v'là encore à me déshonorer ! Il vous laisse donc crever de faim, toi et tes petits, celui que t'as voulu pour homme ? Toi, la fille à maître Gélin, faire des métiers pareils, si c'est pas à dégueuler de honte ! Et tout ça, pour te planter dans la piau le bout-dehors d'un propre à rien ! Oui, d'un propre à rien, sinon à te semer des enfants qu'il ne peut pas nourrir. Putain, salope, paillasse à mendiant !

Et toute une débondonnée d'ordures, dont il l'accablait d'autant plus que la malheureuse ne répondait jamais. Car elle respectait son père, malgré tout, et voulait que le *Breton* aussi le respectât, et eût craint en ripostant d'exciter son mari à riposter de même, ce qui eût amené bataille entre les deux hommes. Mais, dans le silence du couple, le vieux ne voyait que basse couardise, et redoublait d'invectives, et souvent poursuivait son gendre en le traitant de lâche.

Si bien qu'une fois le *Breton*, à bout de patience, s'était retourné et avait à son tour déchargé son cœur, disant tout ce qu'il y avait à dire contre ce vieux requin sans entrailles, qui n'avait qu'une fille et qui ne lui donnait tant seulement pas un chanteau de pain, ni à ses petits-enfants non plus, et qui aimait mieux tout dépenser à se soûler comme un cochon, tandis qu'elle et eux n'avaient quelquefois rien dans le ventre, et qu'un père et un grand-père de ce gabarit-là c'était pire qu'un ennemi.

Et l'autre répliquant de plus belle, des paroles on en était venu aux gourmades. Solide était le vieux, quoique vieux; mais rétu était le *Breton*, et traître à la bataille, avec ses crocs-en-jambe et ses coups de caboche dans la poitrine. Et, finalement, le *Petit-Doux* était resté sur le carreau, les quatre fers en l'air, une côte défoncée, vomissant rouge.

Il y avait cinq ans de ça ; mais le vieux l'avait toujours sur l'âme, comme un poids dont il étouffait. Déshériter sa fille, c'était une vengeance, certes, et il avait pris ses mesures pour. Toutefois, cela ne lui suffisait point. Et c'est de son vivant, et en jouissant à son loisir, qu'il espérait toujours rendre au damné Breton, et avec usure, la monnaie de sa pièce.

— Souffle, souffle, bon nordet, continuait-il à grommeler. Souffle plus dru et bien de guingois. Le vaurien a déjà manqué le point deux fois, m'est avis. Il revire au large pour reprendre du lof. Souffle, afin que la troisième fois soit la bonne pour les homards de la Flaupière, qui n'auront jamais eu à se régaler de pareille charogne.

Le chalutier, en cet instant, arrivait à portée de la voix par le travers du follier, où le *Breton* et son matelot larguaient toute leur toile et pesaient sur la barre et nageaient aussi de l'aviron pour se parer au droit du pertuis.

Le *Petit-Doux* mit ses deux mains en entonnoir autour de sa bouche et hurla dans le vent :

— Tire au fond, Breton !

En même temps, au lieu de donner de la bande à tribord, pour prendre le vent de son avant-dernière bordée, il piquait sur le follier tout droit, comme pour l'accoster. Ses quatre hommes d'équipage en poussèrent un cri, le croyant devenu fou. Mais presque aussitôt il commanda :

— Attrape à virer !

Et d'un coup de barre, plus brutal qu'à son habitude, il remit le bateau dans le bon chemin.

Toutefois, du retard qu'il avait fait subir à la manœuvre, le follier avait eu le temps de se juger en péril d'abordage, et ainsi avait suspendu un instant son effort vers le pertuis, juste à la minute où les deux hommes avaient besoin de toute leur décision. Le terrible hurlement du vieux les avait aussi obligés à quitter du regard l'entrée visée. Le *Breton* en avait même ressenti une commotion soudaine et incoercible dans ses deux poings crispés sur la barre ; d'où une poussée à faux.

Et maintenant, voici que le follier s'engouffrait dans le courant du goulet, sa voile claquant, les avirons à vau-l'eau, l'arrière paralysé. Ah ! il allait la ranger, la Flaupière, la ranger au plus près, au trop près, à s'y aplatir comme une tripée de goémons fouettée par le flot.

Le *Petit-Doux* ricanait silencieusement, les yeux illuminés.

Flac ! Bouf ! Ça y était. Dans un paquet de mer monstrueux, le follier s'était plaqué sur la muraille, puis avait été happé entre les deux pinces de la Flaupière, au plus étroit, dans le haut, où il pendait à présent, le mât cassé, le ventre crevé, la quille vers le ciel, vidé des deux hommes.

Le chalutier avait pris le vent et filait sa sûre route, s'engouffrant à son tour dans le pertuis, mais dirigé juste où il fallait. L'arrêter dans son élan, pour porter secours aux deux malheureux en perdition, on ne pouvait y songer. C'eût été le vouer, lui aussi, aux pinces de la Flaupière. Personne de l'équipage ne le proposa, même des yeux. D'ailleurs, les folliers devaient être en morceaux, certainement, après ce choc à toute volée, après cette chute à pic dans les remous convulsifs du formidable trou aux homards.

Pourtant, non ! Là, parmi l'écume bouillonnante, au fond soudainement découvert par un retrait du flot, voici qu'apparaît une tête, les cheveux collés sur la face, le regard hagard, la bouche grande ouverte pour prendre une bouffée d'air et appeler à l'aide. Et c'est le *Breton*, vivant encore ! Et les hommes du chalutier, muets d'épouvante, ont entendu le noyé, presque un spectre déjà, crier d'une voix lamentable :

— Assassin !

Puis le flot est revenu, l'a submergé, et l'*Augustine* a suivi son chemin, toujours guidée d'une main ferme par le *Petit-Doux*, qui n'a pas cessé de ricaner silencieusement, même quand le vent lui a souffleté l'oreille du terrible cri, même quand la vague où l'autre avait sombré est venue lancer au visage du vieux criminel son jet d'écume visqueuse pareille à un suprême crachat.

Le lendemain, à la côte, on trouva un cadavre : c'était le matelot du *Breton*. Mais le *Breton* lui-même, ni ce jour-là ni un autre, ni au bout des vingt et un jours traditionnels, on ne revit son pauvre corps. Il devait, selon le vœu féroce du *Petit-Doux*, être resté dans le trou aux homards, qui s'en étaient régalés jusqu'au dernier lambeau.

Et le *Petit-Doux* ne se gênait pas pour le dire et en être joyeux, même devant sa fille, la triste veuve, surtout devant elle.

Il avait voulu la recueillir et avec elle ses sept orphelins; mais elle avait eu horreur de revenir sous le toit du scélérat par qui son homme était mort, et qu'elle ne pouvait plus considérer comme son père, jusqu'à oser lui répondre un jour :

— Je ne suis pas votre enfant, bien sûr, et ma mère a dû m'avoir avec un autre homme que vous.

Et la haine de ces deux êtres devint farouche.

— Ton *Breton*, disait parfois le vieux, je voudrais pêcher le homard qui lui a sucé le cœur. J'en mangerais, de c't homard-là, comme du pain bénit.

Advint qu'une nuit, en chalutant par un temps calme aux environs de la Flaupière, l'*Augustine* amena sur le pont un homard monstrueux, et le *Petit-Doux* s'imagina que son féroce désir était exaucé.

— Oui, oui, s'écria-t-il, c'est celui-là qui a dû lui sucer le cœur, au *Breton*. Ah ! je ne te vendrai point, toi, mon gros, quoique tu vailles bien une pistole. Ta chair m'est trop goûtée. Même à des cents et des mille la livre, je te garde pour moi. *Breton* de malheur, charogne de *Breton*, je t'enterrerai dans mon ventre.

Et le lendemain, à sa fille, il redit la chose, s'exaltant en sa folie, se délectant à ressasser :

— Dans mon ventre, entends-tu, gouine, dans mon ventre ! Il sera dans mon ventre, ton homme, ton gueux d'homme, ton salop d'homme, dans mon ventre où j'en ferai de la merde.

Elle blêmit de male rage et répliqua :

— Vous n'oseriez pas. Il vous le rongerait, le ventre, si c'est lui ! Il vous le rongerait comme vous le méritez.

— C'est lui, c'est lui, que je te dis, clamait le vieux. Je suis sûr que c'est lui. Regarde comme il veut m'agripper, le forban !

Et elle répétait, s'affolant, elle aussi :

— Il vous rongera le ventre, vieil assassin. Il vous le rongera, j'en réponds. Il est plus fort que vous, hein? Vous l'savez ben. Osez donc le manger, alors. Osez donc! Vous n'oseriez pas!

— Je n'oserais pas! gueula le *Petit-Doux*. Tiens, putain, tiens, tu vas voir. Tout cru, que je le mangerai, tout cru, comme je l'aurais mangé de son vivant, tout cru, pour mieux le sentir sous mes dents, et pour qu'il sente si je n'ose pas.

Et, à coups de hachette, il tronçonna le homard, puis mordit à pleine bouche dans la chair pantelante et coriace, qu'il déchiquetait, avalait par grands lambeaux sans la mastiquer.

La femme, à voix basse et rauque maintenant, comme si elle récitait des litanies de sorcière, marmottait en le regardant jusqu'au fond des yeux avec un regard envoûteur :

— Manges-y le ventre, mon homme, manges-y le ventre, à ton assassin, manges-y le ventre.

Et soudain le *Petit-Doux*, obéissant malgré lui à l'impérieuse suggestion, se sentit comme des crocs plantés au creux de l'estomac, et pâlit d'horreur, puis s'empourpra d'étouffement, la face violette, et cria dans un affreux hoquet :

— À boire ! À boire !

— Manges-y le ventre, mon homme, ronronnait toujours la veuve, implacablement, manges-y le ventre, à ton assassin, manges-y le ventre.

Le *Petit-Doux* empoigna par le col un litre d'eau-de-vie, et vite, vite, à larges goulées, se jeta du liquide à flots dans la gorge.

Mais plus il versait, plus il avait soif, et plus le trou se creusait, là-bas, dans son estomac dévoré, dans ses boyaux comme mâchés et remâchés.

D'une lampée nouvelle, il ingurgita le litre jusqu'à la moitié, puis d'une autre jusqu'aux trois quarts, et enfin d'un dernier trait il le vida, pour tâcher de le noyer et de le brûler tout à la fois, le hideux et victorieux ennemi dont il se sentait la proie vivante.

Et tout d'un coup, comme une masse, le *Petit-Doux* se laissa choir, ahogué par la viande dense et lourde, assommé sous le coup de poing de l'alcool.

Et, tandis qu'il gigotait encore aux suprêmes sursauts de la congestion, tandis qu'il râlait agonisant, la veuve du *Breton* continuait à psalmodier ainsi que des litanies de sorcière envoûteuse, d'une voix monotone, machinale et somnambulique :

— Manges-y le ventre, mon homme, manges-y le ventre, à ton assassin, manges-y le ventre, mon homme, manges-y le ventre!

# TRIPES

# TRIPES

Le Normand Guillaume et le Provençal Barthoumiou, anciens marsouins de la flotte, aujourd'hui matelots au grand cabotage, étaient deux lascars portant bien la toile.

Quand même, voilà qu'ils commençaient à rouler bord sur bord un peu, comme s'ils avaient le vent debout; et les rues de Dieppe leur paraissaient devenir de plus en plus étroites. Tous les trois pas, on s'y cognait aux murs!

Il est vrai qu'alors on se trouvait souvent à la porte d'un débitant, où l'on pouvait s'accoiser, le temps de se suiver la gargarousse avec un nouveau boujaron de fil-en-quatre.

Et cela durait ainsi depuis ce matin, qu'ils avaient débarqué.

Ils venaient de faire leur vingt-troisième station, et repartaient à la dérive dans la Grand'Rue, quand Barthoumiou s'arrêta soudain, et soupira tristement, avec des sanglots dans la gorge :

— Guiomme, Guiomme (ainsi prononçait-il, d'une seule émission de voix et en accentuant l'*o* très bref), Guiomme, tu te fous d'un ami. T'es pas un vrai-z-ami.

— Barthoumiou, riposta l'autre avec ferveur, je suis ton ami, je te le jure, un vrai-t-ami. Ce n'est pas moi qui se fout de toi. C'est le sort de nom de foutre de nom de Dieu de tonnerre de Dieu qui se fout de nous deux !

— Guiomme, reprit le Provençal tout à fait lugubre, nous ne la trouverons puis pas, ta tripière.

Et, en signe de découragement, il s'assit au bord du trottoir. Le Normand prit place auprès de son ami, et le serra tendrement dans ses bras en disant d'une voix lente et grave :

— Nous la trouverons, Barthoumiou, quand nous devrions faire tous les débits de la ville.

— Et si elle est morte ? gémit le Provençal.

— Elle ne l'est pas, répondit Guillaume. Des aucuns m'en ont encore parlé il y a six mois. Toujours prospère !

— Et pourquoi ne leur as-tu pas demandé sa rue, Guiomme ?

— Parce que j'étais sûr de me la rappeler.

— Tu vois bien comme tu te rappelles, pourtant.

— Que veux-tu, Barthoumiou ? V'là dans les douze ans que j'y suis venu. Et rien qu'une fois ! Et le soir ! Et ce soir-là, j'avais une petée à ne pas compter mes mains sur mes doigts.

— Alors, mon couillou, comment te souviens-tu si tant du fameux goût qu'avaient ses tripes ?

— Ah ! Barthoumiou, c'étaient des tripes, entends-tu, comme jamais, au grand jamais, y a eu des tripes.

— Guiomme, tu te fous encore de moi. Tu veux m'en mettre, avé tes tripes.

— Je ne veux pas t'en mettre, Barthoumiou. Des reines de tripes, que je te dis, des tripes en fleurs de tripes. Enfin, quoi?... Nos tripes !

Barthoumiou changea sa chique de joue, fit gicler de sa lippe une longue fusée noire, et prononça d'un ton sentencieux :

— Vos tripes, ça n'eziste pas.

— Et, interrogea ironiquement Guillaume, qu'est-ce qui existe pour lors?

Barthoumiou se leva et dit, avec une pitié dédaigneuse :

— Ce qui eziste, mon povre ami?

Ici, il prit un temps, considéra de haut Guillaume toujours assis par terre; puis il ajouta triomphalement, lançant les premiers mots de sa phrase comme une âcre bouffée d'haleine à l'ail, et s'étalant sur le grasseyement du dernier comme dans un bain d'huile :

— Il eziste les pieds-et-paquets de Marseille.

Guillaume haussa les épaules, à son tour se leva, et répondit simplement :

— Cherchons ma tripière.

Et ils recommencèrent à tirer des bordées de débit en débit.

Ce n'était pas la prime fois que se dressait entre eux cette question capitale de savoir à qui doit appartenir la prééminence, des tripes à la mode de Caen ou des pieds-et-paquets à la marseillaise. De tout temps, du jour où ils s'étaient connus au service de l'État, à chaque occasion où ils s'étaient rencontrés au cabotage, ils avaient débattu ce procès, sans pouvoir jamais tomber d'accord.

A vrai dire, c'est en ce point que se résumait pour eux l'éternelle dispute entre Nord et Midi. Pour tout le reste, ils s'entendaient, grâce aux concessions de Guillaume, qui aimait Barthoumiou de tout son cœur, et volontiers lui faisait sacrifice d'opinion, jusqu'à confesser humblement la supériorité du vin de Langlade sur le cidre, du roquefort sur le livarot, de l'huile sur le beurre, et même du poisson de la Méditerranée sur le poisson de l'Océan.

Où ils se comprenaient surtout et se congratulaient mutuellement de leurs pays, c'est à propos des femmes. Là, sans lâche complaisance chez Guillaume et de bon cœur chez Barthoumiou, ils ne tarissaient point d'éloges, le Normand touchant les Provençales et le Provençal touchant les Normandes.

— Tu conçois, disait Guillaume, à moi, ce qui me plaît, c'est votre petite fourmi de là-bas, toute en nerfs.

— Et à moi, disait Barthoumiou, c'est votre belle grasse vache, toute en viande.

— Ah! s'écriait le premier, senti- ces gringalettes se raidir dans vos bras, comme des cordes tendues, ça qu'est bon!

— Vaï, vaï, faisait l'autre, prendre à poignes-mains des tétasses, que ça vous filtre entre les doigts, voilà de fine gourmandise!

Et combien, en cela, sincères tous deux, le Normand de haute taille, à large encolure, au poil roux, et le Provençal menu, maigriot, avec sa face en nœuds d'acajou et son allure sautillante de grillon brun!

Oh! sur ce chapitre, à la bonne heure! Ils s'entendaient en frères.

Mais une fois les tripes en jeu, bonsoir la concorde! Nord et Midi se réveillaient, hargneux, irréconciliables. Guillaume, si tolérant, se hérissait, ne cédait plus, n'admettait même pas la possibilité d'une contradiction.

— Tout ce que tu voudras, disait-il, soit ! Le Midi vaut mieux en tout, c'est convenu. En tout, oui ; mais excepté en tripes.

Et il concluait en général par :

— Enfin, tu verras, un jour, quand nous pourrons en manger ensemble, à Dieppe, chez une tripière que je connais.

Mais, depuis dix ans, jamais ce jour n'avait pu se trouver. Ils avaient servi au même bord, comme mathurins, puis s'étaient rencontrés au cabotage un peu partout, dans les ports les plus divers, mais jamais ils n'étaient venus tous deux ensemble à Dieppe.

Et voilà qu'aujourd'hui, par un hasard miraculeux, Guillaume était en passe de convaincre Barthoumiou ! Et, va te faire fiche ! Impossible de mettre le cap sur la boutique de la tripière !

— Mais, insinuait Barthoumiou, mangeons des tripes dans le premier débit venu. Pourquoi pas, Guiomme?

— Du tout, objectait Guillaume. Je veux te faire manger les plus meilleures des meilleures. Sans compter qu'elles te paraîtront encore meilleures, à cause de la tripière.

— Oui, tu m'as dit déjà. Une grasse, hé? Comme j'en aime?

— Plus encore, Barthoumiou.

— Tu es un gros brave, Guiomme.

Et ils entrèrent dans leur vingt-septième débit.

— Nom de nom, c'est elle, cria Guillaume. Elle a encore engraissé.

— Boudiou! s'exclama Barthoumiou soudain en extase. Boudiou! Qué morceau! Eh ben! en voilà, de femme!

C'était la fameuse tripière, en effet. Elle devait peser dans les trois cent cinquante livres. Une bonne demi-douzaine de mentons en panne blanche faisaient coussinets à sa face énorme et rose. Sa vaste poitrine s'avançait presque horizontale, soulevée en deux vagues étalées par un corset qui servait comme d'éventaire à ces flottantes mollesses d'édredon.

Barthoumiou contemplait, bouche bée. Sa chique lui en tomba de la joue. Quand il revint à lui, ce fut pour demander à la tripière, en désignant du geste la masse, respectueusement :

— Ce n'est pas du qu'est trop dur, au moinss, hé?

Après quoi il ajouta, avec un sourire et en approchant ses mains dont les doigts frétillaient :

— Parce que moi, vé, je les aime qu'on y enfonnce.

— Et en attendant, fit tranquillement la commère, qu'est-ce qu'il te faut, moko ?

— Des tripes, cria Guillaume. Et des tripes ce qu'il y a de plus tripes, hein ? Les mêmes qu'y a douze ans.

Puis il empoigna Barthoumiou, retombé en extase, et l'emmena dans la cuisine.

— Viens voir, disait-il, comment ça se prépare, nos tripes. Ah ! ce n'est pas ainsi qu'on les mijote, va, vos nom de Dieu de pieds-et-paquets. Regarde-moi ça, cette marmite, crois-tu ! Et des jours et des nuits, et encore des jours, que ça cuit. Et ce qu'on vous les lave, avant ! Viens voir ça aussi. Je me rappelle l'endroit. Je me rappelle tout, maintenant. Viens ! c'est dans une espèce de cave, là, à gauche. Ah ! ce qu'on vous les lave, et rince, et rinceras-tu ! Regarde dans ce grand baquet. C'est-il blanc ! c'est-il propre ! Tu ne me feras pas croire qu'on les lessive tant que ça, vos sacrés pieds-et-paquets de sacré nom de Dieu de Marseille.

Non, mais regarde, quoiqu'il ne fasse pas clair, regarde!

Guillaume pouvait bien insulter les pieds-et-paquets, et Marseille, et tout le Midi! Barthoumiou n'entendait plus rien. Il ne regardait pas non plus. Ravi, béat, les yeux mi-clos, en une vision de pochard tout halluciné par son idée fixe, il continuait à contempler en esprit la poitrine de la tripière.

Cependant Guillaume venait de surexciter son ivresse, à lui aussi, en s'exaltant d'enthousiasme pour les tripes; et c'est avec un attendrissement d'homme soûl qu'il s'agenouilla en murmurant :

—Comme elles sont belles, Barthoumiou! Ce sont nos tripes d'ici, nos belles tripes. Dis-moi qu'elles sont belles, dis-le-moi, Barthoumiou.

Il attira violemment vers lui le Provençal, qui, de la secousse, perdit l'équilibre, et piqua une tête en avant, juste à même le baquet.

Et soudain, quand Barthoumiou sentit dans ses doigts, contre son visage, sous ses pectoraux, la ballottante marée de caoutchouc, Barthoumiou ferma tout à fait les yeux et se mit à geindre doucement, prenant la tripée pour la tripière :

— Si elles sont belles, mon Guiomme ! Ah ! je te crois qu'elles y sont ! Té, vé, que je les aime ! C'est de tétasses, ça, de belle et bonne, pécaïre. Té, en voilà z'une, de tétasse, qu'elle me fait le tour du cou, comme un cache-nez.

Et il soulevait les tripes par brassées amoureuses, furieusement, et y fourrait ses poings jusqu'au coude, et s'en débarbouillait le visage, et faisait sangloter de joie le bon Guillaume en lui répétant :

— Guiomme, Guiomme, tu es un gros brave. Merci ! Ah ! tu m'en donnes, de la satisfassion. Mais aussi tu peux dire que je l'aime, vaï, ta payse.

— Voui, voui, répondait Guillaume sans chercher à comprendre, mais pleurant de plus en plus.

— Tu pleures? s'écria tout à coup le Provençal. Pourquoi que tu pleures, mon Guiomme ?

Il avait en même temps lâché les tripes qui retombèrent en flicflaquant.

Il ajouta, la voix tremblante :

— C'est pas ta sœur, au moinss?

— Non, non, répliqua Guillaume.

— Pourquoi que tu pleures, donc ?

— Parce que je suis content que tu l'aimes, quoique pas ma sœur.

— C'est vrai, mon Guiomme ?

— Voui, voui, répéta le Normand.

Alors Earthoumiou reprit les tripes comme à bras-le-corps, se coucha dedans, et s'écria :

— Eh bien ! puisque c'est pas ta sœur, mon Guiomme, adieu-vat ! Je lui s-y fais un enfant.

# LA DETTE

22.

## LA DETTE

— Pst ! pst ! Joli brun, monte donc ! Je suis bien mignonne, tu verras. Monte donc ! Tu pourras toujours te chauffer; j'ai une bonne grille.

Mais rien n'amorçait le passant, rien, ni cette appellation de joli brun, doucement susurrée à des birbes chauves et ventrus, ni la lubrique promesse que soulignaient une œillade et un sourire déjà caressants, ni même l'évocation de la bonne grille au rouge brasier de coke, si alléchante par cette âpre bise de décembre.

Et la grande Fanny continuait lamentablement, sous cette bise glacée, à battre son quart inutile, et la nuit s'avançait, et les passants se faisaient de plus en plus rares. Encore une heure comme ça et la rue serait absolument déserte ! A moins d'une chance, d'un pochard attardé, il faudrait rentrer bredouille.

C'était pourtant une belle créature, que la grande Fanny ! Avec sa tête de bacchante et son corps de déesse, dans la splendeur épanouie de ses vingt-trois ans, elle méritait autre chose que ce trottoir misérable, où elle ne trouvait seulement pas les cent sous dont elle avait besoin pour manger demain.

Mais voilà ! Dans cet infernal Paris, grouillante cohue de concurrences qui s'entre-dévorent, la renommée ne vient aux filles, comme aux artistes la gloire, qu'en leur arrière-saison. Elles ressemblent par là aux pierres précieuses, dont les plus célèbres sont celles qui ont été le plus souvent montées.

Et c'est pourquoi battait obscurément son quart inutile, sous l'âpre brise de décembre, sans un sou dans sa poche, malgré sa tête de bacchante et son corps de déesse et la splendeur épanouie de ses vingt-trois ans, cette grande Fanny qui devait être plus tard une des plus brillantes et des plus riches étoiles de la galanterie parisienne.

Cependant l'heure suprême s'était écoulée. Plus un seul passant! La rue était décidément vide, morne et morte. On n'y entendait plus que les sifflements entrecoupés des rafales. On n'y voyait plus vivre que les flammes des réverbères, tremblotantes, effarées, pareilles à des papillons agonisants. Allons, il n'y avait qu'à rentrer, et rentrer bredouille!

Soudain, au prochain carrefour, là-bas, sur la chaussée, la grande Fanny aperçut une forme humaine. Cela faisait halte, semblait hésiter, chercher son chemin. C'était enveloppé dans un vêtement qui pendait presque jusqu'à terre. C'était tout menu, tout gringalet, quelqu'un de très petit, à coup sûr.

— Peut-être un bosco, pensa la fille. Ils aiment les grandes femmes, ceux-là!

Et vivement elle se dirigea vers l'individu, en faisant déjà, par habitude, et comme s'il pouvait l'entendre de si loin :

— Pst! pst! joli brun!

Quelle veine! L'individu ne se sauvait pas, mais venait à la rencontre de Fanny, quoique d'une allure timide. Elle courut à lui, en répétant son appel câlin pour le rassurer. Elle courut d'autant plus qu'elle le voyait maintenant tituber avec des zigzags d'homme soûl, et qu'elle se disait :

— Une fois que c'est sur le cul, ces bougres-là, il n'y a plus moyen de les relever. Ça veut dormir où ça se trouve. Pourvu que j'arrive avant qu'il tombe.

Elle arriva, en effet, juste à temps pour le recevoir dans ses bras. Mais à peine l'eut-elle fait, qu'elle faillit le lâcher, de stupéfaction! Ce n'était ni un ivrogne, ni un bosco. C'était, dans une redingote et sous un feutre d'homme, un enfant de douze à treize ans, et qui pleurait, et qui gémissait d'une voix faible :

— Pardon, madame, pardon! J'ai faim. Si vous saviez comme j'ai faim! Et froid aussi, madame. Pardon! Oh! oui, bien froid.

— Pauv'gosse! fit-elle, en le soulevant contre sa poitrine et en l'embrassant.

Et elle l'emporta, le cœur tout gros, mais en même temps tout joyeux; et, tandis qu'il continuait à sangloter, elle lui répétait machinalement :

— Crains rien, va, mon petit homme. Je

suis bien mignonne, tu verras! Et puis, tu pourras toujours te chauffer; j'ai une bonne grille.

Elle était éteinte, la bonne grille. Mais, tout de même, la chambre était tiède. Aussi, l'enfant murmura-t-il, en y entrant :

— Ah! comme on est bien, ici! Il fait rudement meilleur que dans la rue, allez! Et voilà six jours que j'y suis, dans la rue.

Il se remit à pleurer et ajouta :

— Pardon, madame, pardon! Et depuis deux jours je n'ai rien mangé.

La grande Fanny ouvrit son armoire à glace. Sur la tablette du milieu, il y avait toute sa lingerie. Sur celle du haut, parmi des fouffes, il y avait une vieille boîte de biscuits Albert, un restant de cogneji au fond d'un litre, et quelques morceaux de sucre chipés dans les cafés. Avec le tout et l'eau de sa carafe, elle fit une espèce de soupe qu'il avala délicieusement.

Il voulut ensuite raconter son histoire. Il commença tout en bâillant.

Son grand-père (la seule famille qu'il eût jamais connue), peintre décorateur à Soissons, était mort la quinzaine passée. De son vivant, il lui disait toujours :

— Quand je n'y serai plus, petiot, tu trouveras dans mes papiers une lettre pour mon frère, qui est commerçant à Paris. Tu iras la lui porter. Il te prendra sûrement avec lui. D'ailleurs, de toutes façons, il faut que tu ailles à Paris. Tu as des dispositions pour la peinture. Là seulement tu deviendras un artiste.

Le vieux mort, l'enfant était donc parti, vêtu de la défroque du grand-père, et avec trente francs en poche, tout l'héritage du bonhomme qui avait trépassé à l'hôpital. Mais à Paris, à l'adresse mentionnée sur la lettre, personne ! Le frère du défunt n'y habitait plus depuis six mois, et l'on ignorait même ce qu'il était devenu. L'enfant restait seul. Son voyage payé, il avait vécu quelques jours tant bien que mal. Puis ses derniers francs avaient filé. Et enfin, depuis bientôt une semaine, il vagabondait, n'ayant plus de quoi se payer un lit, achetant du pain sou à sou, jusqu'au moment où, voici quarante-huit heures, il s'était trouvé sans rien, absolument rien.

Tout cela raconté dans un demi-sommeil, parmi des hoquets de sanglots revenus et des bâillements d'hébétude, si bien que la fille, malgré sa curiosité, n'osait lui faire aucune question, mais au contraire avait hâte qu'il eût terminé, et le déshabillait en l'écoutant, et ne l'interrompait que pour l'embrasser et lui dire :

— Bien, bien, mon pau' p'tit! Tu finiras demain. Tu n'en peux plus. Couche-toi et dors.

Et comme il achevait, elle le porta dans le lit, où il s'endormit aussitôt profondément. Après quoi elle se déshabilla vite, se coucha contre lui pour qu'il eût bien chaud, et s'endormit à son tour, en pleurant de douces larmes sans savoir pourquoi.

Le lendemain, ils déjeunèrent et dînèrent ensemble chez un mastroquet, avec de l'argent qu'elle emprunta. Le soir venu, elle dit à l'enfant :

— Attends-moi ici. Je reviendrai te prendre à la fermeture.

Elle revint plus tôt, vers les dix heures. Elle avait douze francs qu'elle lui donna et qu'elle avait *gagnés*. Elle fit, en riant :

— Je sens que j' vais en ramasser encore. J'ai la veine, ce soir. Tu m'as porté bonheur. Ne t'impatiente pas. Prends une bavaroise en attendant.

Et, à l'embrasser en s'en allant, elle éprouvait, la brave fille, une grande joie maternelle.

Une heure plus tard, elle était *emballée* par les *fliques*, pour délit de *retape* dans un endroit prohibé. En route, le gibier pour *Saint-Lago !*

Et l'enfant, mis à la porte par le mastroquet au moment de la fermeture, puis chassé le lendemain de la maison meublée où on lui dit que *la grande Fanny était à l'ousto*, reprit son misérable vagabondage par les rues, avec les douze francs pour tout viatique.

. . . . . . . . . . . . . . . . . . .

. . . . . . . . . . . . . . . . . . .

A quinze ans de là, les journaux annoncèrent un matin qu'on venait d'enfermer comme folle la fameuse Fanny Clairet, l'*horizontale de grande marque* dont les fantaisies avaient révolutionné le *high-life*, la reine des *capiteuses* pour qui trois hommes s'étaient tués et tant d'autres s'étaient ruinés, l'incomparable statue vivante qui avait fait courir tout Paris au théâtre où elle incarnait Vénus dans son transparent maillot fait d'air tramé et de rien tissu.

Elle venait d'être frappée subitement. Une attaque de paralysie générale! Et, liquidation faite, comme ses dettes étaient énormes, elle achèverait ses jours à la Salpêtrière.

— Eh bien, non, se dit, en lisant cet écho, le peintre François Guerland. Non, la grande Fanny ne finira pas de la sorte.

Car c'était bien elle! Il n'en pouvait point douter.

Longtemps, très longtemps, après l'inoubliable charité qu'elle lui avait faite, l'enfant avait cherché à revoir sa bienfaitrice. Mais Paris est si mystérieux! Et lui-même avait eu tant d'aventures, avant de devenir un homme et ensuite à peu près quelqu'un! Il ne l'avait donc retrouvée que lorsqu'elle était déjà célèbre. Mais retrouvée de loin seulement; reconnue au théâtre, dans une avant-scène, ou au passage, dans son équipage de princesse. Et pouvait-il l'aborder, alors? Pouvait-il lui rappeler le temps où elle *raccrochait* à cent sous? Non, bien sûr. Et c'est de loin qu'il l'avait suivie, remerciée, bénie.

Mais à présent l'heure était venue de payer sa dette. Et il la paya.

Quoique assez connu déjà, peintre de talent et d'avenir, il n'était point riche. Qu'importe ! Il engagea cet avenir qu'on lui promettait, il se livra pieds et poings liés à un marchand de tableaux. Et il fit transporter la pauvre femme dans une excellente maison de santé où elle pût avoir non seulement des soins, mais tout le confortable nécessaire et même du luxe.

Hélas ! la paralysie générale ne pardonne point. Si elle lâche parfois sa proie, c'est comme le chat cruel lâche la souris, pour un moment, pour un très bref moment, et pour la reprendre plus tard avec plus de férocité. Fanny connut cette période de rémission. Le médecin put dire un matin au jeune homme :

— Vous tenez à la faire sortir? Soit ! Mais il faudra la ramener, et sous peu. La guérison n'est qu'apparente. L'état présent durera un mois, au plus. Et encore, si la malade est tenue à l'abri de toute surexcitation, de tout excès !

— Et sans cette précaution? demanda Guerland.

— Alors, répondit le docteur, la crise finale sera plus proche, voilà tout. Mais, plus ou moins proche, elle n'en est pas moins fatale.

— Vous en êtes sûr?

— Absolument sûr.

François Guerland fit sortir la grande Fanny, l'installa dans un splendide appartement, et y vécut avec elle. Elle était vieillie, bouffie, avait des cheveux blancs et déraisonnait parfois. Elle ne reconnut pas en lui le pauvre petit à qui elle avait fait l'aumône jadis. Il ne lui rappela point la chose. Il lui laissa croire qu'elle était adorée par un jeune homme riche et passionnément épris d'elle. Il était beau, ardent, caressant. Jamais maîtresse n'eut un amant pareil. Et pendant trois semaines, avant de retomber dans les horreurs de la folie, qui heureusement furent tôt terminées par la mort, elle s'enivra sous les baisers aux plus radieuses extases, et quitta ainsi la vie consciente dans une apothéose d'amour.

. . . . . . . . . . . . . . . .

. . . . . . . . . . . . . . . .

L'autre jour, au dessert d'un dîner d'artistes, on parlait de François Guerland, dont le dernier envoi au Salon a été si justement remarqué.

— Ah ! oui, fit quelqu'un avec une intonation et une moue de mépris, Guerland, le beau garçon !

Et un autre, accentuant le sous-entendu, ajouta carrément :

— Oui, c'est cela ! Guerland le beau garçon, le trop beau garçon, celui qui se fait entretenir par des gâteuses.

# LE MARQUIS

# LE MARQUIS

---

Inutile de rétipoler, quand elle avait dit « je veux », cette volontaire petite Sonia, au nom et aux caprices moscovites. Si mignonne, d'ailleurs, si charmante, avec son moure retroussé de sauvagesse, ses joues en pomme, rondes, roses, enfantines encore, tandis que toutes les perversités de la femme miroitaient au fond de ses étranges prunelles, couleur d'eau par les soirs d'orage ! Oui, si charmante, cette fantasque, si Russe surtout, délicieusement et impérieusement Russe, d'autant plus Russe qu'elle était de Montmartre.

Et donc, parmi les sept amants qui composaient sa ménagerie ordinaire, aucun n'avait pouffeté quand leur dompteuse avait déclaré l'autre jour :

— Vous savez, mon château féodal de Pludunô-Kerlouët, près Saint-Jacut-de-la-Mer, mon château que j'ai acheté voici deux ans et où jamais je n'ai mis les pieds. Eh bien! après-demain, premier mai, nous y pendons la crémaillère.

Les sept n'avaient point demandé de plus ample explication, avaient raté le Vernissage, bravement accompagné la petite Sonia, et maintenant étaient prêts à s'attabler sous sa présidence dans la salle à manger du vieux castel situé à dix heures de Paris. On était arrivé ce matin; on allait dîner soupatoirement; on repartirait au jour; tel était l'ordre de Sonia; et personne n'avait objecté quoi que ce fût.

Seuls, deux des soupirants, les derniers en date, encore mal habitués aux frasques de la folle, avaient éprouvé quelque surprise, vite corrigée par des effusions d'enthousiasme.

— Quelle idée originale, exquise! Il n'y a qu'elle pour avoir de ces idées-là! Positivement, il n'y a qu'elle. Épatante! Oh! ces Russes!

Les anciens, eux, dressés depuis longtemps à ne plus s'étonner de rien, avaient trouvé la chose toute naturelle.

Il était six heures et demie du soir. Ces messieurs procédaient à leur toilette; car il va de soi que le frac était de rigueur. Sonia, elle, s'était décidée à rester en robe de chambre. Ou bien, si elle s'habillait, ce serait plus tard. Pour le moment, elle ne ne voulait pas bouger de cette grande balancine où elle souriait en regardant le soleil se coucher là-bas sur la mer. Ce spectacle l'amusait prodigieusement. On eût dit une grosse boule de billard, la rouge, qui rebondissait sur le tapis vert. Était-ce drôle! Et quelle chance, d'être toute seule pour contempler ça! Ils n'y auraient rien compris, eux, les sept! Ces hommes, ça n'a point d'âme, n'est-ce pas?

C'était drôle d'abord, oui, ce soleil couchant. Puis, à la longue, c'était d'une tristesse! Sonia en avait à présent comme le cœur gros. Mais elle était douce, pourtant, cette tristesse. Plus que jamais Sonia se félicitait d'être toute seule à savourer cette langueur où il lui semblait s'évanouir comme à la pâmoison d'une lente jouissance.

Et voilà qu'en harmonie parfaite avec cette mélancolique et suave sensation d'en-aller, une voix s'éleva, du chemin creux que surplombait la terrasse, une voix chevrotante et pourtant pure et fraîche, qui chantait ces gaies paroles sur un rythme traînard de cantilène :

Passant par Paris,
Vidant ma bouteille,
Un de mes amis
M'a dit à l'oreille :
Et bon, bon, bon,
Le bon vin m'endort
Et l'amour m'y réveille encor.

La voix s'était éloignée avec le chanteur qui marchait sur le chemin. Sonia eut peur de ne plus entendre la suite. Ce fut un désespoir. D'un saut elle quitta la balancine, courut à la balustrade de la terrasse, et se pencha en criant de son verbe autoritaire :

—Encore, encore ! Je le veux. La chanson ! Toute la chanson !

A cette injonction, le chanteur tourna la tête, puis revint sur ses pas, sans hâte d'ailleurs, et comme s'il agissait plutôt par curiosité que par obéissance. La main au-dessus des sourcils, il considérait attentivement Sonia, qui eut ainsi elle-même tout loisir de l'examiner.

C'était un vieillard de soixante-cinq ans environ. Ses loques, sa besace à l'épaule, dénotaient un mendiant. Pourtant Sonia remarqua tout de suite qu'il y avait une certaine coquetterie dans cette misère. La barbe et les cheveux du bonhomme n'étaient point hirsutes, ainsi que les ont ses pareils. Évidemment, celui-ci se taillait le poil de temps à autre. Au reste, il avait le visage fin et même *distingué*, jugea Sonia. Mais de cela elle ne s'occupa guère, ayant depuis longtemps observé que les vieilles gens du bord de mer ont presque tous l'air de gentilshommes.

Quand il fut au pied de la terrasse, le mendiant fit halte, et se mit à hocher la tête en murmurant :

— Jolie, la petite, jolie !

Et dans ses yeux pâles, comme usés, un paillon s'alluma soudain. Mais il n'obéissait toujours pas à l'ordre de Sonia, qui s'était reprise à répéter, presque rageusement cette fois, ses petits poings cognés en tambourinade violente sur la pierre de la balustrade :

— La chanson, toute la chanson!

Il semblait ne pas l'entendre, et demeurait là, bouche bée, avec un vague sourire. Comme il avait la tête un peu inclinée sur l'épaule gauche, un mince filet de salive lui coulait de la commissure des lèvres dans la barbe. Ses regards de plus en plus flambaient.

— Que je suis bête! pensa tout à coup Sonia. Il attend mon aumône.

Elle fouilla dans sa poche, qu'elle avait toujours garnie de pièces d'or en guise de sous. Elle en tira un louis, qu'elle jeta au vieux. Mais il n'y prit pas garde, continua béatement à la contempler, et ne se réveilla de son extase qu'en recevant en pleine face une poignée de gravier qu'elle lui lança.

— Chantez donc! criait-elle. Je le veux. Puisque je le veux. Puisque je vous paye.

Alors, toujours souriant, il ramassa le louis et le rejeta sur la terrasse. Il dit ensuite fièrement, et pourtant d'un ton très doux :

— Je ne demande pas la charité, ma petite. Mais, si ça t'amuse, je chanterai toute la chanson, toute, autant de fois que tu voudras.

Et, de sa voix chevrotante, plus chevrotante encore que tout à l'heure, comme s'il était ému, il recommença la chanson.

Sonia était restée abasourdie, et, sans savoir pourquoi, touchée jusqu'aux larmes, ravie d'être tutoyée ainsi par le bonhomme, honteuse un peu de l'avoir traité en mendiant; et maintenant tout son être se fondait au lent bercement de la cantilène, qui racontait une vieille histoire d'amour :

J'ai eu de son cœur
La fleur la première;
J'ai couché trois ans
La nuit avec elle.
Et bon, bon, bon,
Le bon vin m'endort
Et l'amour m'y réveille encor.

Quand il eut achevé, il se remit à la contempler en souriant; et, comme elle pleurait, il lui dit :

— Tu as peut-être un beau cheval ou un petit toutou que tu aimes, et qui est malade? Mène-moi près de lui. Je te le guérirai. Je sais très bien. Et ce sera gratis, pour toi, parce que tu es jolie.

Elle ne put s'empêcher de rire.

— Il ne faut pas rire, reprit-il. Tu ris de quoi? De ce que je suis pauvre? Mais je ne suis pas pauvre. J'ai eu du travail hier, et aujourd'hui encore. J'ai le sac. Tiens, regarde.

Il tira de sa ceinture une bourse de cuir où sonnait du billon. Il fit dégringoler les pièces dans le creux de sa main, et cria joyeusement :

— Tu vois bien, petite. J'ai le sac. Quarante-sept sous. Quarante-sept!

— Alors, dit Sonia, le tutoyant à son tour, tu ne veux pas de mon louis?

— Bien sûr, répondit-il. Je n'en ai pas besoin. Et puis, je te le répète, je n'accepte pas la charité. Tu ne me connais donc pas?

— Non.

— Eh bien! demande dans le pays. Tout le monde te dira que le marquis ne vit pas d'aumône.

Le marquis! A ce nom, elle se rappela soudain qu'on lui avait raconté, en effet, voici deux ans, la légende du bonhomme. C'est à l'époque où elle avait acheté le château. Parmi les curiosités du terroir, le vendeur avait précisément cité le *marquis*. Un demi-fou, paraît-il, tout au moins un original, presque en enfance, vivant de raccrocs à des besognes mystérieuses de maquignon et de vétérinaire. Les paysans le faisaient travailler un peu, par crainte des *sorts* qu'il pouvait jeter à qui le rebutait. On le respectait aussi à cause de son opulence passée et de son titre. Il avait été riche, très riche, et on le disait marquis positivement. Il s'était, disait-on, ruiné à Paris, autrefois, ruiné la bourse et la raison, *pour les femmes!*

En ce moment, la cloche du château sonnait le premier coup pour le dîner. Une idée passa par la folle tête de Sonia. Elle courut à la petite porte qui donnait de la terrasse sur le chemin creux, rejoignit le bonhomme, et, lui tirant une révérence cérémonieuse, elle dit :

— Monsieur le marquis veut-il me faire le plaisir et l'honneur d'accepter à dîner avec moi ?

Le vieux cessa de sourire, devint grave, se posa la main sur le front comme pour y rappeler de très anciens souvenirs. Puis, avec une inclinaison de tout le buste, à la mode de jadis :

— Volontiers, chère, répondit-il.

Et, laissant choir sa besace, il offrit le bras à Sonia.

Quand elle présenta ce nouveau convive, les sept, même les mieux dressés, eurent un haut-le-corps.

— Je vois ce qui vous trouble, fit-elle. C'est son costume. En effet! Il manque un peu de chic. Mais, un moment! ça peut s'arranger.

Elle appela sa femme de chambre et lui parla tout bas. Après quoi :

— Marquis, dit-elle, votre bain est prêt dans votre cabinet de toilette. Si vous voulez suivre Sabine, elle va vous y conduire. Nous vous attendrons le temps qu'il faudra pour nous mettre à table, ces messieurs et moi.

Puis, quand il fut sorti :

— Et maintenant, Ernest, dit-elle au plus jeune de la bande, montez vous déshabiller. Je vous autorise, mon ami, à dîner en redingote. Vous donnerez votre frac et tout le reste à Sabine. Ce sera pour le marquis.

Ernest était enchanté d'avoir dans la pièce un rôle à part. Les six autres battirent des mains.

— Il n'y a qu'elle pour avoir de ces idées-là ! Épatant ! Épatant !

Une demi-heure plus tard, on était à table, le marquis en frac à la gauche de Sonia.

A vrai dire, pour les sept, ce fut une grande déception. Ils avaient compté s'amuser du bonhomme, et le spirituel Ernest, notamment, se préparait à lui *monter des scies.* Mais, à la première tentative de ce genre, Sonia l'avait foudroyé d'un regard que tout le monde avait compris ; et le dîner avait commencé, en grande étiquette pour les sept, tout intime et joyeux entre Sonia et le vieillard !

Ils faisaient un nez, les sept ! Mais un nez en dedans, si l'on peut dire. Car montrer qu'on n'était pas très content, il n'y fallait pas songer !

Ce nez intérieur s'allongea bien plus encore quand, tout à coup, Sonia dit au bonhomme :

— Ils sont embêtants, hein, ces messieurs ? Si nous les lâchions !

Le marquis se leva, lui offrit le bras de nouveau.

— Où allons-nous ? demanda-t-il.

Pour toute réponse, Sonia se mit à chanter ce couplet de la chanson, qu'elle avait retenu :

J'ai couché trois ans
La nuit avec elle,
Dans de beaux draps blancs
Garnis de dentelle.
Et bon, bon, bon,
Le bon vin m'endort
Et l'amour m'y réveille encor.

Et les sept, tous stupéfaits, cette fois, et ne dissimulant plus leur mécontentement, virent le couple disparaître dans l'escalier qui menait à la chambre de Sonia.

— Hum! osa dire Ernest, elle est peut-être un peu raide, celle-là.

— Sans doute, fit le plus ancien de la ménagerie. Un peu corsée, oui; mais d'un v'lan! Il n'y a qu'elle, vous savez, pour trouver ça!

Le lendemain matin, à six heures, la cloche du château réveilla tout le monde, sonnant le départ convenu pour Paris. Les sept se demandèrent s'ils devaient aller, selon leur habitude, saluer Sonia dans son lit à son petit lever. Ernest surtout hésitait. Il fallut que Sabine vînt leur dire qu'on les exigeait absolument.

Ils furent étonnés de trouver Sonia toute seule dans son lit.

— Eh bien ! interrogea bravement Ernest, et le marquis ?

— Il est parti de bonne heure, répondit Sonia.

— Un drôle de marquis, tout de même ! s'écria dédaigneusement Ernest, de plus en plus audacieux.

— Pourquoi donc ? dit Sonia en s'étirant. Dame ! Il a ses habitudes, il faut croire, c' t' homme !

— Vous savez, madame, interrompit Sabine, qu'il est revenu une demi-heure après être sorti.

— Ah ! fit Sonia, levée et rôdant par la chambre. Il est revenu ? Et qu'est-ce qu'il voulait ?

— Il ne l'a pas dit, madame. Il est remonté vous voir, simplement. Il était rhabillé avec ses loques.

Tout à coup Sonia poussa un grand cri en battant des mains. Les sept accoururent l'entourer.

— Là, là, s'exclamait-elle, là, sur la cheminée, regardez donc ! Est-ce charmant ! Mais regardez donc !

Et, les yeux à la fois souriants et mélancoliques, dans un attendrissement qu'ils ne comprirent pas, elle leur montrait un petit bouquet de fleurs des champs à côté d'une pile de sous.

Machinalement elle compta les sous, et soudain se prit à pleurer.

Il y en avait quarante-sept.

# TABLE DES MATIÈRES



2755. — Imprimeries réunies, A, rue Mignon, 2, Paris.

www.ingramcontent.com/pod-product-compliance
Lightning Source LLC
LaVergne TN
LVHW020551230826
846091LV00002B/455

*9782019684266*